宋朝往事系列

主编 耿元骊

赵 普
半部《论语》治天下

王淳航 著

辽宁人民出版社

© 王淳航 2023

图书在版编目（CIP）数据

赵普：半部《论语》治天下 / 王淳航著 . —沈阳：辽宁人民出版社，2023.2
（宋朝往事系列 / 耿元骊主编）
ISBN 978-7-205-10609-6

Ⅰ . ①赵… Ⅱ . ①王… Ⅲ . ①赵普（922-992）—传记 Ⅳ . ① K827=441

中国版本图书馆 CIP 数据核字（2022）第 199282 号

出版发行：辽宁人民出版社
　　　　　地址：沈阳市和平区十一纬路 25 号　邮编：110003
　　　　　电话：024-23284191（发行部）　024-23284304（办公室）
　　　　　http : // www.lnpph.com.cn

印　　刷：北京长宁印刷有限公司天津分公司
幅面尺寸：165mm×235mm
印　　张：15.75
字　　数：172 千字
出版时间：2023 年 2 月第 1 版
印刷时间：2023 年 2 月第 1 次印刷
责任编辑：赵维宁
助理编辑：姚　远
封面设计：乐　翁
版式设计：一诺设计
责任校对：郑　佳
书　　号：ISBN 978-7-205-10609-6
定　　价：58.00 元

总　序

宋朝的魅力，势不可当，有越来越多的人爱读宋朝故事，这从"宋朝往事"第一辑的受欢迎程度也可见一斑。10位青年学者，以自身长期积累的学术优势，通俗而不媚俗、讲史而不戏说的独特风格，赢得了广大读者的认同。因此，在辽宁人民出版社的支持下，我们延续前缘，继续组织撰写了"宋朝往事"的第二辑。

关于宋朝的一般性概括，在第一辑总序当中已经说过了。说过的话，多数情况下，理所当然不应该重复。但是下面这段话，是我们两次编撰"宋朝往事"的共同圭臬，所以请让我再次引用孟浩然的这一句"人事有代谢，往来成古今"，因为它最能代表我们的心情和缘起之思。我们就是想通过人和事两方面，与读者诸君讨论宋朝的独特之处。宋的风雅、宋的政事、宋的富庶，都体现在人和事之中了。没有那些独特的人，风雅不可见；没有那些风雅之士的行动，政事不可知；没有那些百姓的努力创造，富庶无可求。想要全方位地观察宋、了解宋、欣赏大宋之美，就请和我们一起来回首宋朝往事。

面对浩瀚宇宙，面对苍茫大地，面对漫漫人生，我们的内心常常涌起一种深远庄严之感，不由得想去探究和思考。这就是人之所以为人的根本，只有人类才渴盼了解自身，试图了解自己的过往。而有着世界上最长久、最多历史记载的中华民族，也算得上是最愿意了解自身历史的族群之一。与过去的历史人物、事件建立起属于我们自身的沟通管路，唯一的渠道和办法，就是读史。读其书，想其人，念古人或雄壮或卑微的一生，感慨万千，油然而生的一种复杂情绪自会弥漫胸间。这大概也是想了解历史、阅读历史的普通读者常有的心境。

不过时移世易，大多数非专业读者，基本已经不再能识读繁体字了，更不要说能较为畅达迅速地理解文言文。而处于压力极大的现代社会，人们的状态都是每日疲于奔命。让有阅读渴望的各行各业读者，都能重新从工具层面开始入手研读，实在是不可能的奢望，也是强人所难。但是满足爱读史的读者的渴求，是我们这些从事专业研究的职业学者仍然不可忽视的职责所在。所以回首"宋朝往事"，提供一种虽然是"快餐"，但尽量做到最佳的"快餐"，就是我们这些职业学者试图为其他行业读者做出的一点微不足道的小贡献。

在第一辑的基础上，我们再次选择了五人五事，同我们亲爱的读者一道，再次进入宋朝的天地时空。赵普、包拯、狄青、陆游、文天祥这五位代表性人物，就此进入了读者诸君视野。赵普是宋朝开国元勋，也是宋初文臣之中较为有名的一位。他一生之中三次入朝为相，影响很大。世人知道他，多以那句"半部《论语》治天下"的典故。他长于吏道，善于出谋划策，"智深如谷"，开国大政多依赖于赵普的策划。我们在已经了解赵匡胤的基础上，自然也要了解一下这位开国谋士。包拯在明清以后，已经成为中国古代清官的杰出代表，是为政清廉、公正执法、断案如神的象征，民间呼为"包青天"。以他为主角衍生出的历史演义、戏剧小说、电影电视剧等为数众多且历代相传。戏说虽然于史无证，却激起我们窥探历史上包拯究竟是何种模样的极大兴趣。狄青从一名出身低微的基层农家子弟应征入伍，一无权二无势，通过自己精湛的武功、高妙的指挥能力和优良的人品，以及在国家危难之际奋不顾身的突出表现，成长为接近权力巅峰的枢密使，是底层小人物逆袭的典型，后代小说家甚至以他为主角写成了诸多小说演义作品。传说狄青是武曲星下凡，与文曲星下凡的"包青天"一起享誉天下。陆游是伟大的诗人和爱国者，大多数中国学生都学习和背诵过那首千古名诗《示儿》，他一辈子渴望北伐中原、收复失地，但是时代没有给陆游这样的机会。以南宋大历史，以宋金和战历史来做背景，我们才能发现一个真实的陆游。文天祥更是我们常常耳闻的人物，为了匡扶南宋这座将倾的大厦，妻离子散，家破人亡，但依然志向不改、视死如归。文天祥伟大的人格力量，在中华历史上铸就了一块无与伦比的正气丰碑，内化成为中华优秀传统文化不可分割的一部分。纵观文天祥一生，无负于"人生自古谁无死，留取丹心照汗青"的铮铮誓言。

与五人同时，就是我们常常想了解的"大事"。这些大事，在宋代历史上也极为关键。女主临朝、更化到绍述、宋夏之战、襄阳保卫战、崖山暮光，是我们观察宋朝、了解宋朝不可缺少的环节。宋真宗皇后，章献明肃刘皇后在历史上也是一个有名的皇后，关于她的故事，最著名的传说就是"狸猫换太子"了，而这只是个编造的谎言。事实上，刘皇后作为宋代第一位垂帘听政的太后，在她身上发生的故事远比"狸猫换太子"更加精彩。熙丰变法由神宗与王安石共同发起，最后到了神宗的儿子手上，却逐渐由改善宋代民生、行政、财政、兵政的大目标，转而成为朝廷清除异己与聚敛财富的工具，丧失了它的正当性，而这一切还是在继述神宗之志的旗帜下进行的。借着更化到绍述之名，大宋这一艘漏水航船驶入了更加风雨飘摇的末路。而自宋建国起，宋朝与党项李氏一直保持着友好关系，西部边界也一直处于相对稳定的局面，直到李继迁公开与宋朝决裂。党项李氏逐渐壮大，并建立西夏，发展成为足以抗衡辽、宋的地方政权，宋朝西部边患几无宁日，它们之间漫长曲折的战争故事也陆续上演。宋元之间，襄樊之战则是南宋灭亡的关键。让我们一同进入宋末的历史世界，看看身处其中的人物如何抉择，观其言，察其行。在13世纪末的欧亚大舞台上，从全球视角，看看襄樊之战的前因、后果、始末与影响。襄樊之战之后，元军继续南下，宋人多路义军闻风而动，试图收复故土，好不热闹。但元军一路直下，鏖战五十年，四川最终陷落。宋廷退守崖山，张世杰摆一字长蛇阵，决战一日，十万军民漂尸海上，南宋彻底灭亡。遗留的大宋忠臣遗民，或以生命为国尽忠，或以生命为国招魂，只留待我们后人唏嘘南宋的往事，或叹或悲或感慨。这样的五人五事，让我们再次以立体形式勾勒了大宋面貌。让我们11个人继续努力，期待读者诸君与我们一起走进宋朝，在大宋场景之中，回味历史的波澜壮阔。．

经过上一轮的磨合，与10位作者已经形成了默契相知。在辽宁人民出版社蔡伟编辑的再次鼓励下，我们继续承担了撰写工作。还是同样的希望，希望我们 11 个人的努力，能让您对真实的历史多一点了解。感谢陈俊达（吉林大学）、黄敏捷（广州南方学院）、蒋金玲（吉林大学）、刘广丰（湖北大学）、刘芝庆（湖北经济学院）、仝相卿（浙大城市学院）、王淳航（凤凰出版社）、王浩禹（云南师范大学）、张吉寅（山西大学）、赵龙（上海师范大学）等一众优秀青年学者（以上按姓名拼音排序）加盟此系列的撰述。虽然刘云军教授因为撰述任务太多未能参与，非常遗憾，但仍感谢刘云军教授在不同场合给予的大力支持！最后，亲爱的读者，我们一群作者贡献全力，希望能为您的读书生涯增添一点乐趣！让我们一起读宋，知宋，了解宋朝。

耿元骊

2022 年 8 月 18 日于开封铁塔湖

目　录

总　序 / 001

引　子 / 001

第一章
早年经历与托迹诸侯 / 018
　　一、赵普的亲族 / 018
　　二、早年颠沛流离 / 026
　　三、供职刘词幕府 / 028

第二章
藩府幕僚与陈桥兵变 / 035
　　一、前传：另一男主出场 / 035
　　二、进入幕府中 / 048

第三章

巩固政权与出任宰相 / 075

　　一、从征二李 / 075

　　二、任职枢密 / 083

　　三、独相十年 / 086

第四章

削除藩镇与解除隐患 / 089

　　一、杯酒释兵权 / 089

　　二、推兵制改革 / 099

　　三、强中央集权 / 102

第五章

先南后北与统一大业 / 112

　　一、战略提出 / 112

　　二、先南后北 / 118

　　三、先北后南？ / 121

第六章
半部《论语》与治平天下 / 126

  一、选人用人 / 126

  二、个人学识 / 135

  三、为人长短 / 148

  四、政治思想 / 157

第七章
君臣际会与恩恩怨怨 / 165

  一、太祖与赵普 / 165

  二、赵光义与赵普 / 171

  三、"金匮之盟"事 / 177

  四、指向赵廷美 / 186

第八章
再相三相与太宗政治 / 191

  一、赵廷美之死 / 191

  二、献《班师疏》 / 196

  三、罢相去世 / 207

第九章
身后哀荣与后人评说 / 216
  一、追崇褒录 / 216
  二、身后评述 / 221
  三、一生评述 / 229

后　记 / 236

引 子

本书的传主是辅佐宋太祖、宋太宗兄弟二人建国兴邦的重要谋臣赵普，此人为大宋朝开国元勋，也是宋初文臣之中较为有名的一个。他一生之中三次为相，在宋初政治斗争和政治生活中起到了非常重要的作用，影响很大。世人知道他多因那句"半部《论语》治天下"的典故，而赵普其他人生故事，则似乎被淹没在历史尘埃之中，有待于我们去找寻那段已经化为宋朝往事的历史人生。

赵普（922—992），字则平，幽州蓟县（今北京）人，生于五代后梁末帝龙德二年（922），卒于宋太宗淳化三年（992），是五代到北宋初年著名政治家，也是北宋著名的开国功臣。后来官至中书令，死后谥号为"忠献"。在他死后六年，也就是998年，被当时的宋真宗追封为韩王，并于次年得以配享宋太祖庙庭，所以宋代人写的文字里，常常称赵普为赵中令、赵忠献和赵韩王等。赵普出生的时代正是中国北方战乱频仍的时期，而他去世的年代，则是北宋王朝已经初步奠定基础的时段。赵普作为北宋开国功臣，在其中扮演了不可或缺的重要角色。

孟子说："吟咏他们作的诗，读他们著的书，不知道他们的为人行吗？因此要研究他们所处的时代。"这就是这篇引子需要交代给大家的。

我们就先从赵普的籍贯和出生时间来介绍他所在的地理坐标和时代归属。赵普是当时幽州蓟县人，也有一些记载说他是"蓟州人"，甚至说他是"常山人""山东人"乃至"中山人"，但历史记载比较集中的还是认定他是"幽州蓟县人"。幽州蓟县，也就是现在北京西南地区，蓟县在唐至五代与幽都县同为幽州治所。赵普出生的时间，按照当时通行叫法，是后梁末帝龙德二年（922）。但实际上幽州这时已经隶属于晋王政权，唐昭宗乾宁二年（895）李克用被封为晋王，在唐被后梁灭亡（907）、李克用去世（908）后，李克用的继承者——长子李存勖，一直使用着唐末唐昭宗李晔启用、唐哀帝李柷袭用的"天祐"年号，表示自己是大唐正统。

我们这里宕开一笔，先说说李克用、李存勖父子的"世仇"，也可以说是李克用天祐五年（908）离世前的"遗恨"。很多人都知道《五代史·伶官传序》中欧阳修描述李克用去世前将儿子李存勖叫到跟前，把三支箭交给他，并说道："梁是我的仇人，燕王由我扶持，契丹与我结为兄弟，但都背叛了我而归附于梁。这三件事，是我的遗恨。给你三支箭，希望你不要忘记报仇。"这里面，梁就是朱温，朱温这时候已经建立了后人称之为后梁的政权，改掉了唐僖宗李儇赐名的"朱全忠"而用了"朱晃"这个名字，李克用与之争斗了二十多年；燕王就是刘仁恭、刘守光父子，他们本是李克用所扶持，却反复无常，依违于李克用和朱温之间，让李克用痛恨；契丹首领耶律阿保机，与李克用约为兄弟，没想到却背叛了李克用。这三方势力，都是我们下面将要提到的，也是深刻地影响着赵普出生前后幽州地区形势的力量。

所以，赵普出生那一年，在李存勖看来，应该被叫作天祐十九年（922）。李存勖经过多年征战，终于到赵普出生第二年（923）四月重建唐政权，史称后唐，灭掉了世仇后梁政权。赵普去世于992年，也就是宋太宗淳化三年，享年71岁，这时他的故乡已经隶属于辽。因为在后唐清泰三年（936），当时后唐河东节度使石敬瑭为了与当时的皇帝李从珂争夺政权，而于当年十一月称比他小10岁的耶律德光为"父皇帝"，自己为"儿皇帝"，并将包括幽州在内的"燕云十六州"割让给了契丹政权（辽国当时称为契丹），并于自己称帝后的后晋天福三年（938）十一月正式割让。所以赵普也没有机会归葬祖籍，而是葬于洛阳"北邙之原"。

通过对赵普生卒年和出生地、归葬地的简单勾勒，我们可以看到赵普的一生，其实正是他所处时代的缩影。而赵普一生跌宕起伏的经历，正反映了他处于一个天下大乱、群雄逐鹿的时代。赵普出生时，套用《三国演义》中那句著名的话，真的是"话说天下大势，分久必合，合久必分"。曾经辉煌一时并创造出贞观之治、开元盛世和元和中兴的大唐王朝，已经被曾经参加了黄巢起义，后又投靠唐朝的草莽英雄朱温亲手埋葬，大分裂由此开启。朱温亲手建立的后梁王朝仅仅存在了十七年光景，到这时也已经是日薄西山，却是整个五代——被后世认定为正统的五个政权（后梁、后唐、后晋、后汉和后周）——国祚最长的一个。而与后梁长期对峙的晋王政权，其实是后唐政权前身，其统治民族还不是传统汉族，而是沙陀族，这个民族原是西突厥处月部，当时文献将沙陀原来的名称"处月"，译写成"朱邪"，并以"朱邪"作为沙陀统治者氏族的姓氏。他们在唐初跟随朝廷征讨高丽、薛延陀、铁勒等部族，后来则被吐蕃追击，最终被安置在太原附近。及至唐末，沙陀族首领被赐姓李氏，沙陀族迅速地在今山西北部的代北崛起，并成为唐末五代一支非常重要的政治力量，以至于五代中除了后唐，后晋和后汉政权的建立者石敬瑭和刘知远都是出自于这个部族。

赵普出生前后，幽州作为北方重镇，是当时河北三大镇之一。一直是中原政权北部防御契丹的军事要地，长期大军云集，狼烟战火不绝，镇守此藩镇的长官称为卢龙军节度使，唐末年的乾宁二年（895），幽州成为军阀刘仁恭的地盘。我们刚刚说过，当时北方最大的两个政权是后梁和晋，二者彼此争斗，从唐末就已经开始了。梁晋争夺的主要战场就是华北平原，而幽州也是它们争夺重点之一。其实，刘仁恭能到幽州来当节度使，还是得到了晋国开创者、当时的河东节度使（治所在太原，即今山西太原西南）李克用的帮忙。刘仁恭被部属拥戴为统帅，却被人驱逐，跑到河东，李克用攻陷幽州后，刘仁恭就成为幽州地区主导割据势力。然而没承想，李克用事后想向刘仁恭征兵，刘仁恭却百般推托，不肯答应李克用要求，李克用盛怒之下攻打幽州却大败而归。敌人的敌人就是朋友，刘仁恭就转而依附宣武军节度使（治所在汴州，也就是今河南开封）朱温，当时他叫朱全忠，但不久又被其所败。所以刘仁恭只好依违于朱全忠和李克用之间，保持着半独立状态。但没想到祸起萧墙，刘仁恭自己家里出了内讧，与其子刘守光之间父子相攻，兵戎相见，刘仁恭兵败被擒。刘守光囚禁了父亲，自称节度使。到后梁乾化元年（911）刘守光野心膨胀，自称皇帝，在幽州建立大燕国，改元应天，史称桀燕。刘守光称帝后第二年，晋王李存勖便发兵讨伐刘守光，派大将周德威领兵攻打，刘守光因为反复无常，被周边各割据政权所孤立，勉强撑到乾化三年（913），终被攻灭，刘氏父子也被李存勖擒杀。刘仁恭父子所建立的割据政权一共存在十九年（895—913），可以说这是幽州史上最黑暗的时期。父子二人为了维持庞大军队，满足自己的骄奢淫逸，残酷盘剥百姓，致使幽州田园荒芜，人民逃亡，社会经济严重倒退，赵普祖上当然也就在其中。

幽州卢龙节度使除了解决自身的内部纷争之外，其实在唐帝国及其身后，还一直身兼防御东北契丹的职责。幽州卢龙节度使在自身不断兵变、内讧乃至南下争夺河朔霸权中卷入了中原的混乱纷争，在无形中削弱了对契丹的防御力量。刘仁恭当权之时，契丹对幽州的威胁就进一步加大加强。又因为父子的主要目标是希望南下争霸河朔进而问鼎中原，但前提是必须保证后方稳定。而契丹已经崛起，南下的政策更加清晰和明确，双方的矛盾开始加剧。

从刘仁恭光启元年（885）接任节度使到后梁乾化三年（913）刘守光被灭近二十年里，刘仁恭父子与契丹进行了多次的较量。大体上来说，双方互有胜负。契丹不断南下劫掠幽州辖区内的沿边州郡，重点是东北方向的营州（治所柳城，即今辽宁朝阳）、平州（治所卢龙，即河北卢龙），正北面的蓟州（治所渔阳县，即今天津市蓟州区）、妫州（治所怀戎县，即今河北省涿鹿县西南）、檀州（治所在燕乐，在今北京市密云东北）一线。而刘仁恭父子方面，因为这段时间里将主要精力放在了南下河朔争霸上，对契丹主要采取守势，包括派兵深入契丹部地区放火烧草，以削弱契丹骑兵和战马的战力。同时刘守光还采取扣留契丹王子等手段，逼迫契丹乞盟纳贿，赎回王子。

契丹南下重点对象是幽州节度下的河北道区域，但是这个区域并不是唯一的进攻方向，李克用下辖的河东道也是契丹南下方向之一，重点是云州和蔚州两地，当然还有朔州、应州等地。但相比幽州方向而言，河东道方向此时还不是主要受攻击区域。唐哀帝天祐二年（905），耶律阿保机与河东节度使、晋王李克用在云州会盟，双方约定共讨幽州刘仁恭及宣武朱全忠。双方握手言欢，结为兄弟，旬日而去，留马千匹，牛羊万计。但是这种会盟并没有多少实际意义，李存勖攻取幽州后，为晋军南下与后梁争夺打下了基础，并进而与后梁军队在河北展开将近十年的激烈争夺。在连败梁军并击灭幽州刘氏父子后，李存勖得以一改颓势，重新振作，任命消灭桀燕刘氏的周德威为节度使。不过周德威虽是一员名将，却依仗自己勇敢而不修整幽州的边防，导致渝关险要逐渐丧失，契丹人也经常来营州、平州之间放牧和割草。同时，周德威还嫉妒幽州将领中有名望之人，甚至把他们斩杀以防止竞争。如此这般的内忧外患之下，契丹瞄准时机，进而攻占了营州和平州，幽州和蓟州的老百姓每年也不得不承受被契丹袭扰的痛苦。

后梁贞明三年（917），契丹军队由耶律阿保机亲自率领，由李存勖叛将卢文进领路，南下攻破新州（治所在永兴县，今河北涿鹿县）。李存勖派周德威率军救援，却被契丹军打得大败而归，契丹军乘胜进攻幽州，围困一百多天。当时的幽州、蓟州之间，契丹骑兵遍布山谷，汉人如果被俘，就用长绳把头捆在树上。叛将卢文进又教契丹军用火车、地道、堆土山攻城。军民上下又困乏又恐惧，周德威派人骑马走小路报告李存勖，又派遣李嗣源（就是后来的后唐明宗）率大军救援，其中步军和骑兵就有七万之众。李嗣源也是名不虚传，接连打败契丹军队，终于解了幽州之围，当周德威见到救援幽州的晋国诸位将领，一时感激得握手流泪。

四年后（921）的十二月，耶律阿保机率领契丹大军再次侵扰，围攻幽州，攻下涿州，进攻定州（今河北定州）。当时李存勖正与后梁激战正酣，消息传到他所在的镇州（今河北正定）之时，军中上下都很恐惧。李存勖亲率五千骑兵救援定州，到第二年正月，赶到新乐（今河北新乐东北）时，正好遇到契丹前锋三千骑兵，李存勖将其击败，再到望都县（今河北望都），这次被耶律阿保机率军包围，危急时刻，李存勖身先士卒，多次冲入契丹军阵中，部将也是锐不可当，最终击溃契丹军队。当时因为天降大雪，大雪平地足有五尺厚，对外作战没有什么可以抢夺的食物，战马也没有什么草料，被冻死的兵马在路上到处可以见到。耶律阿保机看再打下去对自己损耗更大，只好退走。

幽州、蓟州因属于河北地区，本就是唐中后期以来多民族聚居之地且位置重要，更是地处契丹与中原政权交界地区。不但是中原王朝与割据政权争夺的战略要冲，更是防御契丹袭扰的要冲。上述这个纷乱局面，就是赵普出生前后的社会大背景，一定给青少年的赵普及其家人留下了难以磨灭的印象。

又过了四年，后唐已经建立三年（庄宗同光三年，即925年），但似乎对于幽、蓟人民来说并没有因此而改变什么。契丹耶律阿保机率军再次袭扰营州和平州，并骚扰到幽州和蓟州地区。后唐当时以赵德钧担任节度使，镇守幽州等地。为抵御进攻，在盐沟设置了良乡县加强防御，并在幽州东边五十里的地方建筑新城，驻扎守军，防备契丹的一再袭扰。这一举措较为有效，暂时稳住了幽州、蓟州地区的局面。

但是总体局势并不稳定，后唐皇帝由庄宗李存勖换成了明宗李嗣源，契丹袭扰的局面更是日甚一日。明宗天成三年（928），义武军节度使（治所在今河北定州）王都据城反叛，向契丹求援。契丹接连两次派遣大军进攻，但均被后唐大将王晏球率军击败。契丹首领要么兵败被擒，要么身首异处，随后幽州守将赵德钧在幽州东面设置三河县（今河北三河）。至此，幽、蓟二州的老百姓，才稍微喘了口气，得以耕种放牧，契丹也在经过王都之乱后，数年没有再来袭扰，幽州一带得到了片刻安宁。

以上，就是赵普出生前后的天下形势，可说是四分五裂。这些政权大多数都是唐末较为强大的藩镇依靠军事实力而建立起来的，黄河两岸，是长期藩镇割据的重灾区，军阀混战，民不聊生。势力稍微强大的军阀甚至还幻想自己也能成为天子，用后晋时期一位节度使的话说就是"天子难道生来就是做天子的吗？不过是因为兵强马壮才使他成了天子"，这话也很实在，一针见血地指出了兵强马壮和称王称帝在乱世的必然联系。

北方战乱频仍，南方则是另一番景象。沿袭自唐末以来的藩镇，看到朱温灭掉了唐朝，也群起效仿，纷纷在自己割据地区称王称帝：唐末受封为淮南节度使、吴王的杨行密建立吴国政权，至919年杨行密的次子杨隆演改元武义，与唐朝断绝法统，四子杨溥则于927年称帝，史称杨吴；受封为西川节度使、蜀王的王建，则在朱温建立后梁不久后建立蜀政权，做起了皇帝，史称前蜀；受封武安军节度使的马殷则被朱温封为楚王，以湖南为中心割据一方；受封为清海节度使的刘隐的弟弟刘䶮，先称南平王，后来也建号称帝，史称南汉；割据两浙、被后梁封为吴越王的钱镠虽然拒绝称帝，但吴越王当得也是有滋有味；割据今福建地方的王审知，虽然奉中原王朝为正统，但也事实上成为割据政权。

后唐建立后，原为晚唐凤翔节度使、岐国建立者的李茂贞一度上表称臣，并攻灭了割据东西两川的前蜀政权，以至于后唐政权成为五代十国时期统治疆域最广的政权。时任后唐西川节度副使的孟知祥，作为后唐皇帝姻亲，却趁机割据今四川地区，建国称帝。还有一些政权在相互征战过程中，要么被权臣所灭，如后晋建立前后，杨吴政权被权臣徐温、徐知诰（徐温是徐知诰养父，徐知诰后来改名李昪）所擅权，徐知诰最终逼杨吴皇帝禅位给自己并建立南唐。但更多的则是走向更大的和实际上的分庭抗礼，比如后唐同光二年（924）被后唐封为南平王的高季兴占据荆（今湖北江陵）、归（今湖北秭归）、峡（今湖北宜昌）三州建立的荆南（南平）政权，马殷于后唐天成二年（927）以潭州为都城建立的楚国。这些政权胆子大一点儿就直接自称皇帝，比如前蜀、杨吴、南汉、后蜀、王闽和南唐，胆子小一点儿也是称王，比如吴越、马楚、荆南，这些政权加上到五代后期反对后周建立的北汉政权，共同构成了第二次大分裂时期的十国政权。其实远不止上述十国，依附于后梁的半独立政权有义武节度使、北平王王处直政权，成德节度使、赵王王镕政权，加上我们刚刚提到的赵普老家的刘仁恭、刘守光父子政权等。而独立的还有前文提到的凤翔节度使李茂贞建立的岐国，乃至一些我们以往不注意的政权，比如交趾静海军曲承裕自立，在越南历史上被称为曲家，是越南地区脱离中国的开端。党项族组成的定难军也在夏州一带割据自立，位于河西瓜州的归义军一度建立金山国，这些政权都是割据一方的存在。以至于宋代修撰《新五代史》的欧阳修感慨"呜呼！五代之乱极矣"。由此看来，在哪里都好像是政权林立，彼此争斗，互不相让，各政权相互之间的争斗一刻也没有停歇。赵普的成长，就是在这个乱世当中。

赵普是个文臣和谋臣，而五代又是一个武将更有发言权的时代。那赵普是怎样从中脱颖而出的呢？这与他所生长的那个时代有着重大关联。

我们知道，赵普可谓是名副其实的宋朝开国名臣，既是宋太祖赵匡胤的谋士，又在宋代建立后，曾经"独相十年"，可谓将谋士和宰相合二为一。取得如此高的位置，不限于五代宋初，放眼整个中国古代史，在历代开国过程中，能将谋臣与宰相结合得如此天衣无缝的，或许只有传说中的周初姜太公姜子牙能够与其相比。赵普之前，刘邦的首席谋士一般认为是张良，而其开国宰相是萧何；被《三国演义》中描写为神机妙算的诸葛亮，现在一般性的社会知识当中也把他看作是智慧化身，他不光神机妙算和担任蜀汉的丞相一职，为了"光复汉室"而几次北伐中原，但在历史上似乎还是后者政治家的身份更加明显；在赵普之后，明代开国军师刘基刘伯温也号称是明太祖朱元璋的首席谋士，但并没有成为宰相；明代宰相李善长最终也卷入定远（今安徽定远）同乡谋反案而晚节不保，传统的宰相制度也被朱元璋借此机会加以废除。

与上述诸名臣相比，赵普果然天赋异禀，生来就是开国名臣的样子吗？当然不是，赵普也是在奋斗中逐步成长起来的。需要我们结合当时的时代背景，以及朝廷用人出身等特点来看看这到底是怎么回事。

安史之乱后，唐后期地方格局出现了藩镇林立的局面，地方节度使拥有的职权越来越大，一些具有割据倾向的藩镇主帅，野心逐渐膨胀。节度使由初设时负责管理调度军需的支度使，同时兼任管理屯田的营田使，主管军事、防御外敌。到唐玄宗天宝年间（742—756）以后，节度使又兼所在道监督州县之采访使，集军、民、财三政于一身。节度使在所辖地的权力也大大加强，几乎到了独揽大权的地步。为了处理地方上的繁杂政治事务和军事事务，幕后的智囊集团不可或缺，这些智囊集团核心就是幕府的文职僚佐。唐中后期，那些节度使、观察使、盐铁使、转运使和度支使都有了自行招揽文职僚佐的权力。节度使开始蓄积人才，藩镇使府都开始竞相招揽名人名士加入自己的幕府，并形成了一股引人注目的社会风气。而这些文职僚佐中最重要的角色包括掌书记、参谋、推官、从事等，实际上掌握了节度使的军、政、财、法等权力。其中掌书记和从事，又被称为幕宾、宾从，需要兼职打理幕府和节度使的家政，就像是节度使的管家，常常由文士中很有名气的人担任。

黄巢起义之后，这种风气更是发展到了极致。或许正是唐政府中央集权势力的衰微，大量文士乃至举人进入幕府。这些文士进入藩镇幕府，一方面有利于幕府政务的处理，另一方面，这些文职僚佐成为怀有政治野心和觊觎之心的藩镇主帅分裂割据，乃至改朝换代的政治工具。而对文士而言，科举制度不健全，征辟、荐举制度被破坏，使得进入藩镇幕府成为五代文士进入政治舞台最主要的途径。当时就有人说，自从广明（唐僖宗年号，880—881）大乱后，各地藩镇割据，竞相延揽名士，掌管文书军檄。此时梁朝有敬翔，燕地有马郁，华州有李巨川，荆南有郑准，钱塘有罗隐，魏博有李山甫，都以文章出名，与李袭吉一起著称于时。可见当时文士通过进入幕府来参与政治，已成为其实现儒家一直倡导的政治思想的途径。唐末五代特殊的社会背景，使得科举取士、荐举和征辟不再常态化，魏晋以来的门阀制度也随着黄巾起义丧失殆尽。然而进入幕府却来去自由且俸禄优厚，同时又握有实权、较为容易升迁，甚至还有可能成为藩镇主帅的座上宾乃至开国功臣，这就为文士在乱世中一展身手提供了最好的舞台。

藩镇和文士在这方面一拍即合，使得这一时代出现了一大批的幕府僚佐队伍。就拿五代时期著名帝王们的文职僚佐来说，我们随便一列就是一大把。比如后梁王朝开创者朱温，他手下文士就有谢瞳、敬翔、李振、张策、李琪、司马邺、李挺、卢会、王瓒；长期与朱温争斗的李克用，手下文士有李袭吉、郭崇韬、王缄、马郁；他的儿子李存勖在与后梁争斗过程中，继续大量招揽文士，将卢汝弼、冯道、刘审交、李鏻、卢质、马裔孙、吕琦、卢詹、卢程、张宪、王正言、胡装等纳入麾下；后晋开创者石敬瑭，虽然甘当"儿皇帝",但其手底下也有赵莹、桑维翰、薛融、窦贞固等文士;后汉刘知远,辟用文士有聂文进、苏逢吉、苏禹珪;后周世宗柴荣在继位前夜曾经辟用了王朴、王敏等一批文士进入幕府作为僚佐。皇帝们如此,一些王和藩镇们也不甘居人后,后唐的魏王李继岌、魏博镇的罗绍威等也是手下雅人文士较多,甚至能在史书上留下一笔记录。

这些进入藩镇的文士成为节度使僚佐之后,往往要处理幕府庞杂的日常事务。节度使权力极大,既包括最重要的军事和武力,又包括财政赋税,还要处理所辖州县政务、司法事务,所以这些文士出身的谋臣必须有较为全面的筹划、决策和运作能力。如朱温主要谋臣敬翔,跟随朱温三十多年,每次征伐,都要辅佐左右,从军事到庶务,常常是到了天亮都不能睡觉,只有骑在马上之时才能得到片刻休息。史书上这话虽然有所夸张,但敬翔的辛苦由此可见一斑。沙陀晋国和后唐的主要谋臣郭崇韬,管理最为机密的要务还有征战事务,可谓功勋卓著。而后唐淳于晏,进入当时名将霍彦威的幕府,上到军府事务,下到霍家私情,事无巨细都由淳于晏来决定,可见这些僚佐对藩镇主帅的辅佐作用。同时,文士僚佐还要撰写大量的文章,掌握这个差使的一般是节度使手下的掌书记。五代著名藩镇文士中,大多数都是有才学和擅长词章的文士,如朱温手下李颋和李克用手下李袭吉,都是两位枭雄手下的掌书记。尤其是李袭吉,博学多识,熟悉当时政治形势,文章写得精练优雅,尤其擅长撰写军事文书和檄文。自从与后梁关系恶化后,他写的数百篇军事文书,都被时人所称赞。

更为重要的是,文职僚佐之臣往往为自己的主公出谋划策,成为一些势力较强藩镇主帅的主要谋士。如我们刚刚提到的后梁敬翔和后晋桑维翰、薛融，在各自主公建国立业的事业中，都取得了不世功勋。就拿参与谋划石敬瑭称帝的主要人物来说，节度判官赵莹、节度掌书记桑维翰、节度推官窦贞固乃至薛融都在后晋建立后加官晋爵，有的甚至成为宰相，也就是中书门下平章事。而后汉刘知远在即将称帝建国的时候，参与谋划的节度判官苏逢吉、观察推官苏禹珪也成为后汉宰相人选。他们这些文职僚佐在旧朝廷或许只是重要藩镇的手下谋臣，而一旦自己的主公铤而走险取得政权后，这些谋臣就摇身一变成为新朝重臣。五代历经几十年，每一次政权更迭，为了稳定朝局和巩固新政权，除了要保留一批德高望重的前朝老臣，任命一批新的心腹亲信大臣也是必需流程。新君主作为主公，将自己的文职僚佐任命为宰相、枢密使和各种学士，进而进入最高权力层。有人统计过，五代时期一共有13位皇帝，他们任命了44位宰相，这些宰相除了极个别是武将出身，有一半以上的人都有过进入节度使幕府作为僚佐的经历。他们之中的佼佼者，如郭崇韬、桑维翰、冯道和王朴都为自己的谋主和主公取得了重要功绩。赵普和这些前辈谋臣僚佐一样，辅佐赵匡胤建宋，算是延续了五代以来的政治传统。

五代时期这些文士僚佐，大多出身并不高贵。就像我们刚刚提到较多的敬翔、桑维翰、冯道，他们往往出身布衣，史书上对他们的描述就很能反映出这几位赵普前辈谋臣的普遍出身特点。据史书记载，敬翔喜欢读书，尤擅长于文章写作。唐僖宗乾符年间（874—879），未能考中进士，黄巢起义前后因为生计没有着落，只好去投靠身在朱温军中的同乡，但也没有获得施展才能的机会。时间长了，只好替人家写写书信名牒度日，写的过程中常有名言警句出现，并在朱温军中传诵。朱温也是没怎么读过书，听到敬翔写的文辞，就很喜欢，因此敬翔后来得到朱温任用。敬翔自称是"朱氏老奴"，可以说对朱温和后梁尽心竭力。而桑维翰，史书记载他是洛阳人，在后唐庄宗同光年间（923—926）考中了进士，但其父亲只是在当时河南尹张全义手下做客将。虽然后来桑维翰劝石敬瑭"卑辞厚礼"来侍奉契丹，被当时和后世的人叱责为卖国贼，但客观来说，桑维翰对帮助石敬瑭建立和巩固后晋政权确有功劳。契丹攻破后晋都城开封（946）后，桑维翰以身殉国，也算尽忠职守了。而五代时期著名政坛不倒翁"长乐老"冯道，则是其中颇具代表性的人物。冯道，瀛州景城（今河北沧州西北）人，他家先祖曾务农或为儒，没有固定职业。冯道年少时，性情纯朴厚道，好学而又能写文章，不以衣食粗陋为耻辱，除了奉养父母双亲外，平时就是读书吟诗。即使大雪封门、尘垢满席，仍然能兴致盎然。冯道开始也在幽州，投奔当时的刘守光，刘守光被晋国势力消灭后，冯道进入了李存勖幕府，担任掌书记的职务。随着后唐灭后梁，冯道也历经了后唐、后晋、契丹、后汉和后周等多个政权，长期担任宰相职务，显示出过人才能。

这样几位达官显宦，均出身寒门，且并没有多少深厚的社会关系，他们更多则是依靠在乱世中练就的真才实学而逐渐飞黄腾达。再加上中央集权失去了往日光辉，也无力再控制地方，藩镇节帅们更加注重真才实干，唯才是举的用人倾向也为这些投靠藩镇的文士僚佐施展身手留下了广阔舞台。

赵普的家世和早年经历，史书语焉不详。就仅存的片断资料来看，他出身虽非官宦门第，也绝非普通农家，其父祖辈很可能为地方中下层官员，稍有产业。这当然不足以炫耀，赵普发达以后对此也不隐讳，曾坦率地对皇帝承认："臣出自孤寒，本非俊杰。"事实上，赵普三代祖先，都是一些传统社会小官吏，因此对官场上的事耳濡目染。赵普读书不多，很小时就开始学习做小官员的事情，也与其家庭出身有着极深的关系。

我们对赵普青少年求学经历最多的描述就是他"寡学术"和"不好学"，这也正是时代风潮，武人执政和战乱不断的政治格局直接导致了朝野上下重武轻文风气的弥漫。以至于后汉权臣史弘肇就曾说过："安定朝廷，平息祸乱，只需长枪大剑，至于拿笔的儒生，又有什么用！"或许正因如此，帝王权臣们发迹之前多数都是世代委身行伍，或是杀牛屠狗贩私盐的人，靠着勇武和不怕死的劲头而获取高官厚禄起家，他们没有什么文化，为政大都残暴不仁，指望着社会对读书人多么客气，似乎是与虎谋皮。

生逢这样的战乱时代，使得赵普没有能够读过多少经史子集，虽然他也称"我本是个书生"，但表现出来的却是他的学术水平和文学水平都不怎么高，宋代文献说他"初无学术"或者"不以文称"。我们将上述描述做一个拆解，"学术"就是当时以儒家经典为主的古代书籍，这是当时读书人要学习、理解和掌握的学识，而"文"则是写诗撰文的水平和能力。或许就是这样的论调，也或许是生活于这样的时代，赵普更多地感染了这个时代对于文士的要求。或许就连赵普都没有想明白，自己这样一个不爱读书的人，怎么会帮助自己主公建立一个文治昌盛的时代——宋代的呢？或许这就是历史发展本身的诡异之处吧!

　　介绍了赵普所处时代的大背景之后,接下来,我们将按时间顺序,系统展现这位宋初名臣和他所创造的功业。

第一章

◎

早年经历与托迹诸侯

一、赵普的亲族

在古代，文人士大夫总是喜欢将自己的家世说得十分遥远，仿佛只有这样，才能显示出自己出身名门。比如《赵普神道碑》记录他是五帝之一颛顼之后，或许因为赵普的姓氏，其也被编成是造父后裔，这是古代在追溯自己祖上荣光时常用的手法。

正所谓"国有史，方有志，家有谱"，记录赵普祖上的文字，有一篇留存于世的《赵韩王六世小谱》，应该是现在能看到的对赵普家世最详细的记载了。通过这份小谱，我们来了解一下赵普的家世。

长辈：赵普曾祖父叫赵冀，做过三河（今河北三河）县令，宋初跟着赵普沾光，被追赠为吴国公。祖父叫赵全宝，做过澶州（今河南濮阳南）司马，宋初被追赠为赵国公。按照赵普生年计算，赵普曾祖父和祖父应该都生活于晚唐时代。赵普的父亲叫赵迥，五代时担任过相州（今河南安阳）司马，宋初被追赠为齐国公，他主要生活在五代时期，赵普早年也是在父亲带领下，一路从幽州蓟县，到常山，再到洛阳的。赵普母亲段氏一直活到北宋开国之后的乾德五年（967）十二月，记载北宋历史最重要的史书《续资治通鉴长编》记载了赵普给自己母亲丁忧的事情。赵普父母去世之后，都归葬在洛阳。

从以上这简单的叙述可见，赵普曾祖父、祖父和父亲，都是县令、州司马这样一类小吏，甚至可以说赵普出自中下层官员家庭。赵普在晚年几次说到自己出身的时候，都说自己"不是什么世家子弟、贵族后裔""原本也不是什么出色的人物"，虽然有自谦成分，但也是符合实际情况的。他从小就接受了做小官的训练，早年读书不多，一方面是时代的原因，更重要的是家庭就是这样的出身。

到了赵普这一代，父母一共养育了包括他在内的五个子女。赵普是家中长子，下面还有三个弟弟、一个妹妹。《宋史》记载赵普有两个弟弟，这里我们用了《赵韩王六世小谱》的说法。

三弟一妹：赵普大弟弟叫赵贞，也有说叫赵固。赵固这个名字，或许是赵贞和后世宋仁宗赵祯的名字读音差不多而避讳改成的叫法。赵贞后来做到尚书都官郎中，这只是一个正六品的官。赵普在晚年曾经给自己的一个侄子求官，宋太宗授予这位侄子大理评事，或许这位由伯父求得官职的侄子正是赵贞的儿子。

二弟叫赵安易，字季和，《宋史》中将兄弟二人合传。赵安易生于后唐明宗天成五年（930），一直活到宋真宗景德二年（1005），比赵普小8岁，官至宗正卿。在太平兴国（976—984）年间，赵安易曾官历监察御史、知兴元府（今陕西汉中）；之后又先后担任宗正少卿和定州（今河北定州）知州。淳化年间（990—994）请铸大钱，以十当百，一年下来才获得三千缗钱，大有亏耗，朝中大臣都议论纷纷，以后这项措施就被废除了。在担任襄州（治所在襄阳县，今湖北襄阳附近）和庐州（治所在合肥县，今安徽合肥附近）二州知州后，回到朝廷担任宗正卿。当时宗室谱籍没有认真修纂好，赵安易奏请皇帝进行修纂编录。真宗咸平（998—1003）初年，受命与梁周翰同事修纂。赵安易同自己长兄一样，都读书不多，只是对儒家经典稍有涉及。其性格强横凶狠，又喜好谈论谋身治世的事情，然而其见解大多迂阔而不切合实际。到了晚年仍然喜欢接近皇帝请求升官，引起当时舆论的嘲笑。去世后，朝廷赠官为工部尚书。儿子赵承庆，担任国子博士，孙子赵从政为太常寺奉礼郎。

赵安易一生最主要的事迹主要是：淳化年间建议在现在四川地区行用铁钱，他看到铁钱折合铜钱数倍，普通百姓买卖非常不方便，借鉴东汉末年刘备在西川铸大钱，以十当百的比率。刘备当时的目的是有效地获取民间资财，数月之间就搞得府库里面装满了物资。刘备铸行"直百"钱所获的收益，用以实现军事开支。这种做法，对于民间来说其目的就是掠夺民间财富，对老百姓不利。但赵安易却不以为意，一再向朝廷打报告要求推行这一做法。当时吏部尚书宋琪上书说道："刘备时是担心钱少，因而改造。现在赵安易的请求反而是担忧钱多，这不是长久之计。"意思是赵安易的建议既对朝廷不利，又对民间不好，不是长久之计。赵安易为了能实现自己的大钱计划，招募工匠铸造大钱百余枚进献朝廷，极其精致美观。赵安易管理铸钱以后，很快就出现了亏损消耗，一年之中仅得到三千余缗，众人议论纷纷。朝廷终于停止这件事，不让他管理铸钱了。

赵普三弟叫赵正，史书上没有他的详细记载。赵正担任过东头供奉官，是一个从八品的官。这个东头供奉官，一般都是靠着长辈功勋循例荫补，就像赵普儿子赵承宗担任的西头供奉官，就是靠着赵普举荐。或许赵正年纪不大就去世了，这也许是《宋史·赵普传》记载说赵普只有两个弟弟的原因吧。

赵普还有一个妹妹，嫁给了侯仁宝。侯仁宝是侯益第三子，侯益是汾州平遥（今山西平遥）人，晚唐投靠当时盘踞河东的李克用，五代时期，侍奉过后唐、后晋、后汉、后周，宋初时一直健在，一生先后侍奉过十三位皇帝。侯益虽然出身农家，但作战常常身先士卒，十分勇猛。随李存勖攻打洺州时，侯益曾被滚石所伤，李存勖亲自为他抹药治疗。为了报答李存勖施药之恩，侯益曾经生擒当时后梁的两位骁将，并在李存勖众叛亲离，大家都转而拥戴李嗣源为皇帝时，毅然决然地脱身逃回李存勖所在的洛阳。在李存勖被杀、李嗣源进入洛阳后，侯益则绑缚自己前去请罪。自此，他先是侍奉后唐，后唐被灭后就继续侍奉后晋的石敬瑭；后晋被契丹灭掉后，他接受过契丹授予的官职；后汉建立后，担任凤翔节度使的侯益除继续投降后汉外，还与自己曾经一直敌对的后蜀暗通款曲；后周郭威起兵，他本是要攻打郭威，结果却转身归降。闲居洛阳之际，面对又一次的改朝换代，他还是毫无例外地继续投靠了宋朝。侯益活到81岁，确实将五代时期"好汉不吃眼前亏"发挥得淋漓尽致。不停地变换主子的同时，侯益的官却是越当越大。后晋时期已经是节度使同平章事，后汉时期担任开封府尹兼中书令、鲁国公，到后周时期更是官至太子太师、楚国公（后改封齐国公）。北宋建立后，侯益又被宋太祖尊奉为前朝老臣。侯益以侍奉多位主子的身份，以至在某一次祭祀时，受到的礼数与丞相一样。到乾德三年（965）侯益去世时，赠官中书令。而作为赵普妹夫的侯仁宝，因为父亲缘故，早年可谓是锦衣玉食，既有大府邸，又有好田地，真个是悠闲自在。大舅哥赵普当宰相时，侯仁宝任职太常博士，管理的正是洛阳事务。但赵普宰相职务被免后，侯仁宝就没有继续悠游的好命了，在赵普政敌卢多逊排挤下，他被派到邕州（今广西南宁）做知州。到宋太宗太平兴国六年（981）三月，他在率军攻打交趾的过程中病死。虽然史书上并没有记载他的生年，但根据他兄弟生年来看，他应该与赵普的妹妹年纪相差比较大。侯仁宝有两个儿子，一个叫侯延龄，官至殿中丞；一个叫侯延世，官至太子中舍。

三任妻子：《宋史》本传说赵普先后有两位夫人，但实际上赵普一共有三位。第一位是在赵普跟着家里从老家南迁过程中娶的魏氏。当时赵普忠厚寡言的性情被豪门大族魏氏看中，并将女儿嫁给了他，后来魏氏被封为卫国夫人；其后赵普又娶了一位魏氏夫人，后来被封为齐国夫人。为了区分，我们权且分别称这两位为大魏氏和小魏氏。大魏氏夫人为赵普生下长子承宗，小魏氏夫人则为赵普生有次子承煦。至于这两位同姓魏氏夫人是不是有什么关系，由于没有史料依据，笔者也不敢乱猜。赵普第三位夫人和氏，被封为陈国夫人。这位和氏夫人也是出身名门，是后晋时期（文献误记为后唐时期）宰相和凝的女儿。和凝在天福五年（940）任宰相，开运元年（944）被免去宰相职务，死于显德二年（955），终年58岁。和氏生了两个女儿，都被封为郡主。赵普去世后，和氏上书太宗皇帝，请求让两个已经及笄成年的女儿出家为尼（也有说法是当道士）。宋太宗在多次劝说都未能改变和氏的想法后，就赐赵普长女名为志愿，号智果大师，次女名为志英，号智圆大师。

两个儿子：与两个女儿因长伴青灯古佛而留下的记载较少不同，史书中关于赵普两个儿子的记载则相对较多。

长子赵承宗，字德祖，生于后周太祖广顺元年（951），去世于淳化二年（991），与宋太祖和自己发妻贺氏所生的儿子赵德昭生于同一年。赵普担任宰相，赵承宗补为西头供奉官，后官至左羽林大将军，这是一个正四品的官职。此后担任过潭州（今湖南长沙）和郓州（今山东东平）知州，在当地颇受好评。到淳化二年（991）七月，宋太宗派遣赵承宗给当时身在洛阳的赵普送生日礼物，可是赵承宗完成皇命回到京城开封后不久就去世了，终年不过41岁。长子去世，白发人送黑发人，赵普可谓不幸。赵普也因此深受打击，一年以后（992），也因病情加剧而溘然长逝。赵承宗生前娶过两任夫人，开宝五年（972），先娶李崇矩的女儿。李崇矩（924—988），字守则，潞州上党（今山西长治）人。先后效力于后汉、后周和北宋。李崇矩秉性比较忠厚而话不太多，又比较重视自己的承诺，而且非常崇信佛教，以至于供养着七十万僧人，甚至将自己数百万的家产散发给僧人。奈何嫁给赵普长子赵承宗的那个女儿，好像寿命不是太长，嫁给赵承宗后九年左右李氏就去世了，当时李崇矩还健在。后来赵承宗又娶了北宋开国名将高怀德的女儿，高怀德和赵普一样参与了陈桥兵变。高氏一门可谓厉害，祖父高行周，在后周时期被封为齐王、天平节度使，父亲高怀德更是在后周时期就已经被封为节度使，甚至地位高于当时的赵匡胤。宋朝建立以后，加封高怀德为殿前副都点检，而且还娶了宋太祖妹妹燕国长公主为妻。赵承宗所继娶的高氏夫人，就是高怀德与公主所生，当时被封为高平县主，后来更是被加封为长乐郡主。高怀德在宋朝建立后，做过好几个地方的节度使，封冀国公，死后被加封中书令、渤海郡王。赵承宗两任妻子，第一位妻子没给他留下一儿半女，长乐郡主为赵承宗生育了一个女儿，到大中祥符年间（1008—1016），宋真宗给了这个表外甥女县君的封号。

次子叫赵承煦，字景阳。综合各种文献记载，生于宋太祖乾德二年（964），卒于天禧二年（1018）。或许是比起长兄来更得宠吧，赵承煦得到了父亲更多的爱怜。赵普被罢相后，担任河阳三城（治所在孟州，今河南孟州）、武胜军（治所在邓州，今河南邓州）和山南东道（治所在襄州，今湖北襄阳）等地节度使，赵承煦都跟着父亲随侍在侧，在襄州还当上了襄州衙内都虞候。端拱元年（988）赵普第三次拜相时，太宗封赵承煦为六宅使，这是个正七品的官职。淳化元年（990）赵普担任西京（即洛阳）留守，宋太宗更是贴心地让赵普的两个儿子随行，长子赵承宗护送，次子赵承煦带职随行，前往侍奉。两年后赵普去世，赵承煦任宫苑使，担任恩州

（今河北清河县西）刺史，后来又担任成州（今甘肃成县）团练使，成为从五品官。赵承煦也先后娶过两任夫人，她们都姓孟，而且是亲姑侄的关系。第一位夫人是后蜀后主孟昶的女儿，被封为仙源郡夫人；第二位夫人则是孟昶儿子孟元喆（宋初封滕国公）的女儿，被封为延康郡夫人，后一任夫人为赵承煦生下儿子赵从约。

孙子及其他后裔：赵从约，为赵普唯一男孙，字文礼，先后担任东上阁门使（品秩为正六品）和象州（今广西象州）防御使（品秩为从五品），死后被追赠为建宁军（治所在建州，今福建建瓯）节度使。赵从约妻子，也是宋初著名武将曹彬（931—999）的女儿，被封为同安郡夫人。曹彬在北宋统一战争中立下汗马功劳，曾先后率军灭后蜀、南唐，参与攻伐北汉和辽。战争过程中，曹彬曾两次担任宋朝武将最高的官衔——枢密使，死后被追赠为中书令，还与赵普一样被赐配享宋太祖庙庭。赵从约一共有14个儿子，这不管在什么时候，都可谓十分"高产"了，由此赵普家族生生不息，繁衍不绝。可见，赵普两个儿子及一个孙子，所娶夫人都是宋初名臣后裔和达官显宦之女，这应该与赵普在宋初的地位是相称的。

在宋代文献里，赵普后裔还有赵思齐（济）与其子赵希鲁，至南宋孝宗乾道末年（约相当于1173年），已传至赵普七世孙。两百多年间，在北宋司马光《涑水记闻》、南宋洪迈《容斋随笔》等宋代文献里，都介绍赵普子孙享受到的福禄地位，甚至到了皇帝"未尝或忘"的地步。这也可见对赵普参与建立宋朝的功勋，宋朝历代统治者都给予了相应的重视与认可。

二、早年颠沛流离

赵普早年留下来的资料不多,《宋史》关于赵普早年的记载,就这样一句话:"后唐幽帅赵德钧连年用兵,民力疲弊。普父回举族徙常山,又徙河南洛阳。"细细想来,或许赵普早年,就是在不断地迁徙过程中度过的。

我们了解赵普早年生活,就从这位"后唐幽帅赵德钧"开始吧。话说后唐末帝李从珂清泰三年(936),后唐当时的河东节度使、齐国公,也是李从珂养父的女婿石敬瑭,为了跟这位没有血缘关系的大舅哥争夺天下,在谋臣桑维翰支持下,一意孤行,决意向契丹皇帝耶律德光求救,并向其许诺:割让燕云十六州给契丹,每年进贡大批财物,以"儿国"自称。后唐末帝为了镇压石敬瑭,派遣当时的卢龙节度使赵德钧为诸道行营都统,没想到这位赵德钧也心怀鬼胎,私通契丹,也想像石敬瑭一样当个"儿皇帝"。但契丹可能是觉得"儿皇帝"太多怕乱吧,事儿没成,反而自己部下却作鸟兽散,于是赵德钧领着儿子投靠了契丹。契丹也就顺势占领了幽州地区。而石敬瑭在当上"儿皇帝"之后,也履行了自己当儿子的承诺,将包括幽州在内的燕云十六州割给了契丹作为酬劳。契丹取得燕云十六州后,辽国疆域扩展到长城沿线,往后中原几个朝代都没有能够完全收复幽云地区。燕云十六州的地理位置十分重要,是历代兵家必争之地,又是中原王朝保护农业区,抵御游牧民族入侵的天然屏障,直到明太祖派遣徐达占领元大都(也就是北京)后,这一地区才重新归为汉族统辖。

到后晋天福三年(938),石敬瑭按照契丹要求把燕云十六州割让给契丹。大概也就是从天福元年到三年的两三年间，赵普一家面对异族统治决意南迁。赵普父亲赵迥不愿受契丹统治和奴役，首先来到了常山（今河北正定）一带暂时安定下来。在这里，赵普受到常山豪族魏氏的赏识，魏氏将自己的女儿嫁给了他，当时赵普不到20岁，这就是赵普的第一位夫人。

然而好景不长，到天福六年十二月（942年1月），驻扎常山的成德节度使安重荣，就是我们前面提到的那句"天子难道生来就是做天子的吗？不过是因为兵强马壮才使他成了天子的吧"（原话是"天子，兵强马壮者当为之，宁有种耶！"）的诉说者，因为不满于皇帝向契丹卑躬屈膝，也不满于契丹横征暴敛而起兵造反。已经是后晋皇帝的石敬瑭派遣大将杜重威率军平叛，第二年正月，安重荣被擒杀。本身就是为了躲避战火而背井离乡，而常山又成为战场，这使得赵普一家只好再次南迁。这次他们选择了相对安全一点儿的洛阳，并在此定居下来。根据文献记载，与迁居常山不同的是，只有赵迥、赵普父子这一支南迁洛阳了，赵普其他族人可能是不想再折腾了，留在常山的赵氏似乎更多一些。不知道赵迥父子南迁具体目的是什么，但一迁常山、再迁洛阳的旅程，大概给青年赵普留下了深刻的印象吧。

迁居洛阳时，赵普已经20多岁，这样说来，赵普的儿童和少年时期大多是在兵荒马乱中度过的。这样的早年经历对赵普心理有什么负面影响，我们无法具体得知。但我们能看到和体会到的是，这样的经历，至少对赵普产生了三个方面的影响。

其一，赵普并没有认真系统地接受儒家经典的教育，固然赵普一直宣称自己是书生，但实际上赵普早年更多的是学习从事与实际操作官府相关的事务，熟悉和掌握了基层官员处理日常具体事务的能力，这也为自己在进入节度使幕府、做僚佐之臣时一展身手打下了较好基础。用句通俗的话说就是，理论素养不够，但实际操作能力较强。赵普此时已初步具备了从政的专业业务基础。这与赵普家庭出身和当时社会环境下的耳濡目染息息相关。

其二，从家乡先到常山、再到洛阳，一路上的颠沛流离，尤其是面临契丹夺占故乡幽州、安重荣在常山举兵作乱的现实，赵普作为中下层官员子弟，自然是对战乱造成的生灵涂炭和民间疾苦有了最直接、最实际的体验。正所谓"宁为太平犬，莫作乱离人"，或许就在亲身体会到藩镇割据和契丹侵扰之后，赵普那结束战乱、实现统一安定的信念在这时开始生根发芽了吧，想必对于他的一些政治思想和理念形成也是有潜移默化的影响的。

其三，正所谓"燕赵多感慨悲歌之士"，赵普出身幽州，自小相对沉默寡言，加上对结束战乱的渴盼，自然有希望结束战乱的梦想。早年颠沛流离的经历，对他"以天下事为己任"，乃至后来发誓"当以身许国"，进而在得遇明主后，坚定地实现自己的目标有很强的心理暗示。加上赵普多谋善断，又对官府事务熟悉，避免了知识分子纸上谈兵、眼高手低的传统弊端，使其更加注重实际效果而非虚名，不慕虚名而处实祸，这在宋初的一些政治决策和政策施行上体现得比较明显。

三、供职刘词幕府

赵普帮助赵匡胤建立北宋王朝以后，建隆元年（960）四月，忠于后周的昭义军节度使（管辖当时泽、潞、邢、洺、磁五州，治所在潞州）李筠起兵反叛刚刚建立不久的宋朝，刚登帝位的赵匡胤非常重视，决定御驾亲征。赵匡胤弟赵光义和赵普奉命留守京师开封。一次赵普因私事去赵光义家，说了这样一句很能反映赵普定居洛阳后人生轨迹的话："我赵普寄身在一些节度使那里十五年。"赵普第一次遇到赵匡胤是后周世宗显德三年（956），往上逆推十四五年（这个十五年可能是加头加尾统计的），大概就是赵普随家里迁居洛阳的时间，也就是后晋高祖石敬瑭天福七年（942）。此时赵普已经成家，或许是成家后急切地想建功立业，也或许是到了洛阳之后生活很快安顿下来，于是就开始投身节度使来借以安身立命了。

现在来看，赵普最先投身的节度使，应该都属于中原王朝的西北地区。或许是由于受幽蓟地区和常山战乱的影响，也或许是出于中原地区并不太平的考虑，赵普和家人将自己出仕的首选选在了西北和关中地区。一本叫《丁晋公谈录》的宋代笔记记载，赵普做过陇州推官。陇州，治所在汧源县，也就是今天陕西陇县，当时隶属于凤翔（今陕西宝鸡市凤翔区）节度使，推官则是唐代到五代在节度使、观察使、团练使、防御使、采访处置使下设置的文职幕僚，叫推官的名目众多，位子次于判官、掌书记，属于藩镇文职幕僚中正职地位比较低的一级文官幕僚，主要掌管狱讼的事务。但高于巡官，一般是由巡官升迁至推官。在中晚唐时期，节度使的推官大多数情况下都是进士才可以担任。而赵普并无功名出身，所以这个陇州推官，并不一定是赵普出仕的第一任官，但资料有限，我们已无法从历史记载中得到赵普更早的仕途经历了。值得注意的是《丁晋公谈录》中介绍道，赵普结束陇州推官这个职务后，曾经来到京城，甚至不自信地询问当时的占卜者王勋，并且看到鲁国公出行前后都有骑从喝道而心生艳羡。值得一提的是，虽然不能明确这位鲁国公是哪位，但查阅当时文献记载，被封为鲁国公的有侯益、和凝等人，这些人都非常巧合地和赵普有过姻亲关系。

接着赵普的人生轨迹来到了长安（今陕西西安），这里是永兴军节度使的治所，也是大唐王朝的帝都所在，此时离唐朝灭亡不过几十年，已经不再有昔日的繁华与荣光。但我们相信对盛世、安定和统一的向往，对赵普还是产生了较大的心灵冲击，这从以下这个故事中或许可以管窥一二。

几本笔记都记载了赵普在长安的一段重要事迹，就是在当时盗墓之风盛行的情况下，赵普偶然间得到了唐太宗李世民的遗骨。话说号称千古一帝的唐太宗死后被葬在昭陵，昭陵位于今陕西省礼泉县东二十二公里九嵕山的主峰，陵园方圆六十公里，气势雄伟壮观，昭陵及其陪葬墓绵延数十里，蔚为壮观。这样一座壮观的帝陵，在乱世自然是难以逃过一些别有用心之人的魔爪。后梁开平二年（908），唐朝刚灭亡一年多，昭陵被盘踞在耀州（今陕西铜川耀州区）的军阀温韬给盗掘了。《旧五代史》有记载，大意是温韬盘踞在这里的七年过程中，盗掘了他统治地盘里的所有唐代帝王陵，除了唐高宗和武则天合葬的乾陵幸免以外，其他全被洗劫一空。他还亲自下到昭陵地宫，把昭陵里的珍宝，包括前朝钟繇、王羲之等人的书法作品，全部盗出。据说，当时温韬从昭陵中盗出的宝物用车拉马驮，动用几千士兵，花了一个月时间才全部运完，或许唐太宗的遗骨就是在这时候流散在外。而到后汉末期，当时还是枢密使的郭威领兵去西征河中节度使李守贞、永兴军节度使赵思绾和凤翔节度使王景崇的叛乱时，就看到当时唐朝十八位皇帝的陵墓没有一个不被盗掘的，可见乱世之下，不用说平民百姓，即便是帝王在身后也是不得安生。而唐太宗生前是一位非常有知名度的帝王，他的遗骨（文献中有记载是他的脑骨）想必也是价值不菲，赵普花下重金买到了唐太宗的遗骨，并且将其妥善安葬在昭陵之下。对李世民荡平隋唐之际割据各地群雄的崇敬，对唐太宗在位二十三年开创贞观之治盛世的怀想，乃至对重建统一安定和平的统治秩序的渴望，对以天下为己任、有抱负的赵普来说，想必念及于此也应当是壮怀激烈的，或许他的雄心壮志正是在这时候生根发芽，乃至有了更进一步的想法。

赵普来到长安，或许在郭威建立后周以前。因为郭威建立后周当年（广顺元年，即951年）三月，朝廷下了一道敕令：节度使的推官，防御使和团练使的军事判官，人数不超过七个人，可以直接由过去就在幕府中的人直接充任。后周世宗显德元年（954）七月，赵普由河阳节度使调任永兴军节度使刘词的幕府，担任从事。从事是个什么差使呢？事实上，当时藩镇幕僚泛称为从事，非职事官。这说明赵普应该在后周建立以前就到了长安。对照后晋到后汉时期曾经担任这个地区节度使的各个藩镇军阀，我们大胆推测后晋到后汉改朝换代时期的晋昌节度使赵在礼，或许是赵普去长安投奔的人。赵在礼，字干臣，涿州（今河北涿州）人，早年也曾效力过桀燕的刘仁恭家族。都是幽州人，又都姓赵，也许他们之间有着历史资料上不曾留下的关联。

上述推测是出于我们的头脑风暴，但在《宋史·赵普传》里，赵普生命当中的第一个转机就是这位刘词刘大人到任永兴军节度使。让我们来看一下，刘词是一个什么样的人呢？

第一，刘词是一名军人。字好谦，大名府元城（今河北大名）人，是五代时期名将，以勇猛强悍而闻名。他比赵普大30岁，于后梁末年在当时名将杨师厚手下从军。杨师厚死后，他投靠了李存勖，虽然因为得罪权臣而滞留汝州（今河南汝州），但是是金子总会发光的，在后唐末年朝廷要求选取骁勇善战之人补充到禁军的时候，刘词进入了禁军，并开始参与了后晋、后汉时的多次出征，相继参加平定张从宾、范延光、李金全、安重荣及杜重威的叛乱，最终以战功被封为节度使，并随后汉枢密使郭威平河中之乱而被郭威表奏封为镇国军节度使。

刘词的高光时刻之一，是在周世宗刚刚即位不久发生的高平之战中。显德元年（954），周世宗养父郭威去世，北汉趁此机会联合契丹南下攻打后周，皇帝柴荣御驾亲征。三月，后周与北汉、契丹联军于高平县南巴公原（今山西高平与泽州交界处的巴公镇）进行决战。但战斗刚刚开始，后周两员大将樊爱能、何徽就擅自南逃，使得后周阵脚大乱。皇帝柴荣被迫亲自率领骑兵临阵督战，后周军受到激励，奋勇向前，大败北汉军。此时，刘词正率军赶赴高平，在途中遇到了南逃的樊爱能等。樊爱能等人劝阻刘词说："我军已经败了。"劝刘词不要再前进了，但刘词不听，说："我怎么能跑呢？此时正是国家有难的时候，我们做将领的更应该赴汤蹈火。"说完率军继续疾驰北上，于日暮时分及时到达战场，与后周军主力会合，进而彻底击败了北汉军一万人，并临阵斩杀北汉大将张晖和枢密使王延嗣。为此，皇帝柴荣大为赞赏。

第二，刘词是一个与老百姓方便而不忘本的人。他是一位对老百姓不苛刻的将领，史书记载刘词"为政不苛挠，人颇便之"。而且他经常枕戈待旦，可谓兢兢业业，他说："我是因为勇敢善战而当上这样的高官，不可以因为一天志得意满就忘了本，那样就会力气懈怠，将来拿什么来报效国家呢？"不能不说，刘词的话语在五代这样一个乱世，恰是一股清流一样的存在。而这样的清流，相信也是影响了身为刘词从事的赵普的。

最后，刘词是一位相当爱网罗英才的人。在赵普进入刘词的幕府前，刘词手底下已经有了楚昭辅、王仁赡等出色的幕僚。楚昭辅、王仁赡很早就在刘词的手下做事了，而当赵普进入刘词的幕府时，保守估计这二位已经在刘词手下至少五年了。

可惜，赵普跟随刘词也就一年半，但就是这一年半也已经给刘词留下了较为深厚的印象。显德二年（955）十二月，刘词在永兴军节度使任上去世。在去世之前向朝廷上奏的表文中，刘词向皇帝柴荣推荐了赵普和王仁赡，说其可以为朝廷所用。王仁赡跟随刘词多年自不待言，而赵普却也能得到刘词垂青，说明赵普的杰出才干已经赢得了刘词的赏识与器重。

楚昭辅和王仁赡在刘词死后，殊途同归地都进入了当时还是禁军将领的赵匡胤的幕府。但我们的主人公似乎开始并没有这样的声名，已经35岁的赵普，虽然得到了刘词的临终举荐，虽然他也到了帝都，但朝廷没有任用他，其他节度使也没有人愿意要他。

此时的赵普进入节度使幕府已经超过十年，经历了多个岗位历练，实际工作的磨炼和较为丰富的工作经验，或许已经使得赵普有了更为远大的抱负和志向，但为何迟迟得不到幸运的垂青和命中伯乐的赏识呢？难道赵普就真的这么悲催吗？机遇总垂青于有准备的人，历史终究给了赵普机会，使得他最终脱颖而出。究竟是什么机遇呢？

第二章

◎

藩府幕僚与陈桥兵变

一、前传：另一男主出场

人生总有很多的相遇，而有些相遇注定会被铭记。我们知道，赵普最终成为赵匡胤的臣子。那这两个人是怎样结识的呢？历来明君贤臣相遇（其实不光是君臣相遇），或出于偶然，或出于安排，在我们后人接触的文字中，凡是能留下文字记录君臣相遇的，都是出于事后的"追封"，说这次相遇多么的阴差阳错和多么的事出有因，但从人际交往上来说，或许是因为相遇是出于人们对第一印象的重视。古来君臣相遇，最为人津津乐道的是刘备与诸葛亮的三顾茅庐，这场在当事人诸葛亮的记载中只有一句"三顾臣于草庐之中"的相遇，却被罗贯中敷衍成为《三国演义》第二十七回"司马徽再荐名士，刘玄德三顾茅庐"的故事，更是被我们后世具象成了电视剧的样子，几乎满足了我们对这次最知名的君臣相遇的所有想象。那我们的传主赵普是怎样与赵匡胤相遇的呢？

　　这里我们先将赵匡胤和赵普抽象成两个点，看看这对君臣是怎样经过一番遥远的距离，而在生命的轨迹中相向而行，最终相遇的。与赵普相似，赵匡胤祖上也是幽州地界的涿郡涿州人，从高祖赵朓到祖父赵敬，都是那个时期的官员。但到了他父亲赵弘殷这一辈，家境已是不怎么好了。年轻的赵弘殷南下投军，在一个风雪交加的日子里，来到地处河北安喜的一个杜姓的大户人家门外避雪，遇到了这大户人家的主人杜爽，经过观察，杜爽觉得这个姓赵的小伙子忠厚老实，就留他在府上做事，并与夫人范氏商议，将自己的女儿嫁给了小伙子，招赘赵弘殷做了上门女婿。杜家在安喜当地也是大户人家，在后唐前身与后梁在河北争战和称帝前后，杜家也拉起一支队伍，就由赵弘殷这位女婿率领，投靠了李存勖，但官位平平，只是一名中级军官，在家中靠着杜氏夫人里里外外一把手操持着，自己反而成为赵家的家长。

　　赵匡胤就是这个家的第二个男孩，长兄早夭，使得赵匡胤事实上就是长子的地位，被人称为"赵大郎"。或许是自己祖籍涿郡的基因，又或许是父母宠爱，生于后唐都城的赵匡胤，作为一名禁军军官的儿子，耳濡目染受到父亲的影响，从小喜欢舞枪弄棒，胆识过人，骑马射箭样样精通，骑马专拣烈马驯，射箭更是神射手，即便是随后跟着父母来到后晋的都城东京，赵匡胤始终依然故我。或许是为了让赵匡胤尽快成家安心，父母为18岁的赵匡胤迎娶了将军贺景思的女儿贺氏，新婚三年的幸福时光之后，赵弘殷家的生活却因时局发生了转折。就在赵匡胤21岁这年（947），一向对契丹卑躬屈膝的后晋政权被灭掉。契丹进入中原后，皇帝耶律德光甚至在东京发号施令了几个月，而后汉刘知远则趁着契丹在中原不得人心之机，进入开封建立新的朝廷，却不爱民力纵兵劫掠，这都使得后晋、后汉之际成为整个五代最为黑暗的一段时间。面对父亲赵弘殷数十年不能升迁，家中弟弟妹妹陆续出生的情况，深感靠父亲庇佑谋得一个前程无望而又志在天下的赵匡胤，离开父母、告别妻子，开启了一段为时将近三年的游历天下的时光。

我们上一章讲到了高平之战，说这场战役可谓是赵普人生之中第一个伯乐刘词的高光时刻。事实上这场战役更是后周世宗柴荣和当时还是禁军中级将领的赵匡胤的高光时刻。在这场事关后周王朝生死存亡的战斗中，刚刚即位不久的皇帝柴荣先败后胜，从而声威大震，在群臣之中树立了威信。

柴荣可谓是五代时期最为英武的皇帝，他原本籍贯是邢州龙岗（今河北邢台龙岗），家境贫寒，从小就不得不投奔姑姑，也就是郭威的夫人柴氏，后来被郭威收为养子。郭威作为后晋、后汉时期重要的军事将领，一直在外打仗，为了补贴家用，柴荣只好做起买卖，靠买卖茶叶和瓷器补贴家用，与人搭伙前后做了十几年生意。在被后汉隐帝迫害过程中，郭威的两个亲生儿子也被后汉所杀。因此，在郭威建立后周后，其实有三位继承人可供选择，一位是自己亲姐姐福庆长公主家的儿子李重进，一位是他的第四个女儿寿安公主的夫婿张永德，再一位就是养子身份的柴荣。最终，柴荣以其感情因素及优异的政治素养，被封为晋王和京城开封的府尹，成为郭威的皇位继承人。其实五代时期不乏以养子身份继承前人地位的,比如后唐明宗李嗣源就是庄宗李存勖父亲李克用的养子,而南唐的烈祖李昪(称帝前用名徐知诰)也是以养子身份继承了徐温在杨吴的权势。

登上皇位就扛过了北汉和契丹联合进攻的周世宗柴荣出手不凡,但通过高平之战,他敏锐地发现了军队在战斗中出现的问题,也为自己在军队中推行改革奠定了基础。周世宗杀掉了临阵逃脱的侍卫亲军大将樊爱能、何徽及其以下的将领校尉七十多人,整肃了军纪,使这帮骄兵悍将有所收敛。而赵匡胤更是以在这场战斗中临危不乱、一马当先而成为皇帝眼中的红人。这一年(显德元年,即954年)十月,柴荣着手整顿军队,他决心扩充殿前军,整顿率军逃跑的樊爱能、何徽所在的侍卫亲军,拣选军队中战斗力强的人组成上军,而淘汰了其中的老弱病残;同时,柴荣派遣赵匡胤到地方上挑选身强力壮能打仗的男子补充到军队,甚至招募已经落草为寇啸聚山林的亡命之徒来充实禁军;还到外面藩镇部队中去挑选人高马大而又能征惯战的优异兵源到禁军。经过一番猛如虎的操作,后周军队尤其是禁军的战斗力大大增强,成为后周东征西讨南征北战的主要军事力量,也开启了后周世宗统一天下的战斗模式。而与此相应的,与赵普人生紧密相伴的未来大宋王朝开国皇帝赵匡胤也开启了自己迈向人生巅峰的旅程。

柿子先拣软的捏。周世宗环顾四周,决定先拿西南方向的后蜀小试牛刀。显德二年(955),周世宗首先将兵锋指向了曾经属于中原政权的秦州(今甘肃天水)、凤州(今陕西凤县东北)、成州(今甘肃成县)和阶州(今甘肃武都区东北）这四个州。这是后蜀当年趁着后晋被契丹所灭之时，出兵占领的地方。或许是因为得到得太容易了，后蜀后主孟昶对这四个州的统治也不是特别上心，这里的老百姓对后蜀的统治也是苦不堪言。随着后周势力的增强，不断有当地的老百姓请求后周来重新占领这几个州。柴荣因此派遣大将向训和王景领兵西行，开始进展比较顺利，后周军队连战皆捷，后来因地形复杂，加上后蜀坚守不出，使得后周的后方补给出现了一些问题，于是朝中就有人开始鼓噪要收兵。但周世宗哪是那种遇到困难就退缩的主儿，他决定派遣赵匡胤去前方一探虚实。赵匡胤不辱使命，赶到前线后，深入摸排，细致调查，认为攻下这四个州并不是特别困难，于是回奏周世宗，周世宗坚定了信心，决定与后蜀死磕到底。后周军队也随着皇帝信念的坚定而一战大破后蜀军，由此后蜀的四个州城那真是望风而降，后周军队可谓初战告捷。

紧接着，后周将矛头指向了南唐。这时中原处于后汉、后周朝代交替的混乱时机，再加上割据湖南湖北的马楚势力内乱，南唐当时的皇帝李璟见有机可乘，就派遣大将皇甫晖到海州（今江苏连云港）、泗州（今安徽泗县）等地招纳各路豪强武装和因战乱四散的流民从军。于当年十月，南唐发兵灭南楚。虽然趁火打劫的不止南唐一个，马楚的南部几个州也被南汉乘机占有，但大部分马楚的地盘被南唐占领，这时南唐的幅员达到巅峰，据有今江西全省，以及今安徽、江苏、福建、湖北和湖南大部或部分地区，地盘达到三十多个州，方圆几千里，成为当时数一数二的大国，风头正盛。但实际上南唐外强中干，到第二年十月，原来的马楚将领刘言起兵击败南唐军队，之后刘言虽然被其部下周行逢和王进逵杀死，但周行逢和他的儿子周保权却赶走了南唐军，进而先后统治湖南，楚地得而复失，南唐白白劳师远征。多年的征战，南唐的势力并没有增强，反而国库空虚，加上像马楚旧部的袭扰，使得南唐的军队疲于奔命，战斗力下滑。或许也正是因为这样的原因，柴荣看出了南唐本身的实力并不是特别强大，决定自己的下一个目标就是南唐。

到显德三年（956），周世宗的军队将兵锋指向了威胁中原的淮南地方。他御驾亲征，亲自率领军队进攻淮南，赵匡胤也随着皇帝南下出征。周世宗率大军到达坚决抵抗的南唐重镇寿州（今安徽寿县）城下。当时镇守寿州的是南唐大将刘仁赡，他治军有方，又深通兵略，后周军队一时拿这座坚城没有办法。为了扫清外围，周世宗调兵遣将，除了命令军队继续围攻寿州之外，还不断分兵去扫清寿州的外围，想切断寿州的补给，进而孤立寿州，让寿州孤立无援后再行拿下。

赵匡胤首先在涡口（今安徽怀远东北）布置好一众伏兵，然后派遣为数一百多人的骑兵直接去冲击南唐大军，随后诱敌深入，边打边退地将南唐军队引进了伏兵的攻击范围之内。南唐军仗着自己人多势众，而且感觉后周军队确实不经打，慢慢步入了赵匡胤预设的口袋阵。随后赵匡胤一声令下，率领一众军队一起杀出，大败南唐军队，杀死了南唐的统兵将领何延锡，并夺得战船五十多艘。紧接着，周世宗觉得要切断寿州的外围救援，就必须先攻克滁州（今安徽滁州），而滁州地处淮南，位于南唐都城金陵西北方向，是联通金陵和淮南的军事重镇。如果后周军队拿下滁州，便可以一马平川直接跃马长江。且滁州周边都是山地，地势险要，易守难攻。而其中的清流关，正位于滁州西部的关山中段，是南唐防守的重要关隘。它南望长江、北控江淮，地形险要，山高谷深，真真有"一夫当关，万夫莫开"之势，是由北往南攻打金陵的必经之地。而驻守此地的是刚刚从正阳东边撤退下来的皇甫晖和姚凤率领的军队。

周世宗将这一任务又交给了赵匡胤，命他率军突袭滁州。赵匡胤率军急袭清流关。守将皇甫晖听闻这一消息，想在半路上截击后周赵匡胤军。赵匡胤则一面命令所部安营扎寨，另一面又亲率精兵抄小路绕到南唐军的后面，发动突然袭击。南唐军队猝不及防，只好逃入滁州城中。赵匡胤率军追至城下，在一通激烈的叫阵后，城中的皇甫晖决定出城与赵匡胤一决雌雄。然而南唐军队虽人多势众，奈何赵匡胤也是功夫了得，一马当先便冲入南唐军阵中，其率领的后周军也是骁勇异常，这一下子搅得南唐军队天翻地覆。赵匡胤趁机冲到皇甫晖面前，皇甫晖稀里糊涂地就当了后周军的俘虏。城中的南唐军队一看主将被擒，更是慌了手脚，败逃而去。后周军一举拿下滁州城，进而切断了驻扎在寿州的南唐军队的后路。

滁州被攻下后，由于宰相范质的推荐，此时因故主刘词去世而在京无着落的赵普被任命为滁州的军事判官。从此赵普才算正式走上了仕途。这年他已经35岁了。这是他第一次被朝廷任命有了官职，以往都是当地的节度使征辟，也或许是这个滁州军事判官让他遇到了赵匡胤，以至于赵普在晚年写给皇帝的《让西京留守表》中写道："常依托诸侯，三十五未谐释褐。"所谓"释褐"，就是脱去布衣而换穿官服，简单来说就是当官的意思。

赵普到滁州走马上任，便遇到了正率军驻扎在滁州的禁军将领赵匡胤。这是君臣的初次会面。宋代笔记中对赵普与赵匡胤的记载，有比较多的说法，最为诡异的说法是，赵匡胤很小的时候跟着赵普读书，我们知道这根本是不可能的。再比如《丁晋公谈录》和《宋史》赵普本传等书记载，说在赵匡胤还是平头老百姓时，赵普跟着赵匡胤出游。在一本名叫《邵氏闻见录》的书中记载，说当时郭威攻打李守贞时，赵普和赵匡胤都在后汉征讨军中，这更是无稽之谈。郭威攻打李守贞是什么时候？这不是后周时期，而是后汉时期。后汉这个王朝，可能是中国古代被尊奉为正统的王朝之中最短命的王朝了，总共也就四年时间。而这位李守贞反叛后汉朝廷，是在后汉隐帝刘承祐刚刚即位之后的949年，李守贞伙同几个将领发起叛乱。刘承祐先后派遣了几位将领前来征讨，但这几位将领开始还挺顺利，在击败李守贞后，就将李守贞围困在他所占据的河中城（今山西南部），但李守贞就是闭门不战。从春天一直围到夏天，始终没有攻破河中城，最后无奈之下只好请出郭威前来平叛。这一年，赵匡胤可能还没有投奔郭威，而赵普当时应该还在西北地区呢，怎么可能两人当时就相遇呢？

而根据后来宋太宗赵光义《赵普神道碑》和司马光的史书《资治通鉴》的记载，也可以看出赵普与赵匡胤在滁州才是第一次相遇。关于赵普与赵匡胤的"风云际会"，宋人有种种记载，这就是我们在这一部分最开始用到的"追封"，而最富有传奇色彩的，是两宋之间的王铚及其子王明清的记载。这一对父子家里藏书丰富，也都留下了一本著名的笔记——王铚写的

《默记》和王明清写的《挥麈录》，父子俩用形象的笔触描述了赵匡胤和赵普的初次相遇。

根据这两部书记载，赵匡胤当时率领后周军几千人，与南唐皇甫晖所率十万大军战于滁州清流关，后周军大败。赵匡胤聚兵关下，到附近村子里寻访到在这里教书的镇州赵学究，也就是赵普。赵普出手不凡，为赵匡胤出谋划策，并亲自带路，后周军由此得以击败南唐军队，而赵匡胤也活捉了皇甫晖，夺取了滁州城，立下大功。赵普由此与赵匡胤定交，终于成为宋朝的萧何、曹参。这个记载充满了戏剧性，也在某种程度上满足了那些喜欢宋史，尤其是喜欢宋初建国史的人对赵普与赵匡胤相见的想象。

王氏父子的记载，后代不少史家认为这是真实的。明代中后期的大思想家李贽即是其中一个，他在《藏书》中说到赵普最开始和宋太祖相遇，这个事真是很奇怪，紧接着便引用王铚在《默记》中的记载。清代历史学家和著名学者赵翼，发现了王氏父子的文字与《宋史》中不太一样，但他也引用了王氏父子的记载，驳斥了另外一本宋代笔记《孙公谈圃》卷上所载赵匡胤早年曾跟着赵普读书的事，说：《孙公谈圃》这本书所记载，或许是来源于以讹传讹。如此看来，即便是身为学问大家的赵翼也还是相信王氏父子记载。在记载五代时期史事的正史《旧五代史》卷一百十六《周世宗三》中，也用注引的形式将《默记》的记载作为补充。现代史家还大都把王氏父子的记载作为信史加以引用。

其实，王氏父子的记载根本不可信。从赵普早年的经历，从记载当时历史最为权威的史书——《资治通鉴》和两部五代时期正史新旧《五代史》

所记载当时滁州之战的情况来看，仅从赵匡胤升迁情况，就足以看出王氏父子的记载不足凭信。主要有以下几点论据：

从对赵匡胤的称呼上看，在王氏父子的记载中，赵普称呼赵匡胤为"太尉""赵点检"，太尉是当时对于高级军事将领的称呼。当时赵匡胤担任的官职只是殿前都虞候、领严州刺史，连个节度使都不是；即便是赵普为了恭维赵匡胤而把赵匡胤的官职说大了，这个"点检"也不是随便乱叫的。我们知道赵匡胤一直到周世宗显德六年（959）柴荣去世之前，才被任命为殿前都点检的，赵普难道是已经穿越到三年以后才这么叫赵匡胤的吗？

从赵普的当时身份和地位看，笔记中说赵普在村中教书，当地的老百姓说他有很多的智慧和计谋，当地老百姓碰上家长里短难以处理的，就请赵普来主持公道，这可不是一年两年能聚集起来的民望啊！但我们知道赵普在刘词去世（955）之后，到两人相遇的956年二月，最多也就一年多的时间，这时间好像短了点儿。

从后周和南唐发生的战斗形势看，王铚在《默记》中记载，说南唐将领皇甫晖是去守卫滁州的，而与赵匡胤所率领的后周军在清流关下发生了一场遭遇战，而根据《资治通鉴》和记载南唐史的史书所载，皇甫晖和姚凤是率军增援当时被后周主力围困已久的寿州城的，被后周军击败后才退守清流关与赵匡胤发生战斗。

从事情发展的结果看，赵匡胤虽然擒拿了皇甫晖并攻下了滁州，但并没有像笔记记载的那样，后周就此一路势如破竹地攻下淮南和寿州城，而事实上这不过是王氏父子的想象罢了。而正史记载，在滁州被攻下的当年七月，南唐军队还绝地反击地大举反攻，差点收复后周新占领的淮南地区。后周真正全部拿下淮南这块地盘已经是两年以后的958年了。可见《默记》的记载有不实之处。

从赵普担任的官职看，赵普在赵匡胤担任殿前都指挥使兼匡国军节度使后（这个任命发生在赵普和赵匡胤相遇的八个月以后，也就是当年十月），赵普被赵匡胤征辟为从事。一直到三年后的显德六年（959），赵匡胤担任归德军节度使，赵普才成为归德军节度使的掌书记。笔记中说赵匡胤攻下滁州后，赵普就被任命为归德军节度使的巡官，未免又是超前了。

关于赵普与赵匡胤的滁州际会，最为准确的是《赵普神道碑》的记载：赵匡胤跟着周世宗南下攻打淮南时，当时在滁州城擒拿了南唐的将领皇甫晖，赵普当时任滁州的属官，处理事情明晓事理而又敏捷，滁州城之中没有什么冤假错案。赵匡胤听说了，就召见赵普，深深地被赵普的才能所折服。同样记载这次相遇的是另一本书《资治通鉴》，在这本不朽的编年体史书第二百九十二卷中记载，当时正赶上滁州被赵匡胤拿下，范质推荐赵普担任滁州的军事判官，赵匡胤与赵普都在滁州，进行了一段谈话。谈过之后，赵匡胤非常高兴。当时大牢之中被擒拿的强盗有一百多人，都应该被处死，赵普先审讯了他们，很快就有了结果，能活下来的有十之七八，赵匡胤更加觉得赵普是个奇人。

在《资治通鉴》和《宋史·赵普传》里，记载这段赵普和赵匡胤的相遇，用了"悦之"和"奇之"，体现了赵匡胤对赵普两种不同的心境和心情。"悦之"，简单来说就是赵匡胤见了赵普很开心，这或许只是谈得很投机的一种外在心情表现，就是赵匡胤见了赵普很开心，挺喜欢赵普的。紧接着，赵匡胤手下送来攻下滁州后捕到的那些趁机搞破坏的人，史书记载有一百多人，一般认为，对于这些趁火打劫之人，又逢乱世，宜用重典。而赵普却认为应按照规定来审判量刑。赵普审过之后，发现只有两三个为首的在闹事，把其他一百多盲从之人都给放了。这些被放的人，其实也不是什么盗贼，都是当地的农民，他们跪在将军府的门前，对赵匡胤饶恕他们的不杀之恩感恩戴德，由此赵匡胤深感赵普在这方面的能力确实有过人之处，觉得这个赵普算是个奇人。要说赵匡胤虽然不到30岁，但出身中等军官之家，又闯荡江湖三年多，再加上投靠郭威父子五六年，见过的人也不少了，而赵普家世代都是当幕僚的，又身逢五代这样的乱世，一个文人最大的长处或许就是能发挥自己的行政才能，由此赵普与赵匡胤也开始惺惺相惜。

想必这给赵匡胤留下了非常好且深刻的第一印象，以至于在《资治通鉴》之后的史书，诸如《宋史》赵普本传和《东都事略》（一本记载北宋一朝历史的书）赵普本传，都与赵普的神道碑及《资治通鉴》的记载差不多。所不同的是到底是先交谈还是先断狱而已。总之，都说明了赵匡胤之所以器重赵普，都是因为赵普治狱所表现出的才干与赵普的谈吐。设想一下，如果是在之前赵匡胤与赵普就认识，甚至赵普是赵匡胤早年的学究老师，以赵匡胤的智商和情商怎么可能直到现在才发现赵普的才干，进而器重他呢？所以，不管是《默记》等文献的记载，还是直接记载这次滁州际会的《赵普神道碑》和《资治通鉴》，都说明了这才是赵匡胤与赵普的初次会面，从此开启了两个人二十年的君臣交往。

或许是为了加深印象吧，赵普在滁州任军事判官时遇到了这样一个机会，更是加深了两人之间的情谊。赵匡胤的父亲赵弘殷，作为一名禁军将领，也随皇帝柴荣南下攻打南唐。在滁州被后周攻克以后，他从扬州率领一支军队来到了滁州，但他吃到了亲儿子的"闭门羹"。当时也跟随周世宗出征的赵弘殷率兵在半夜时来到城下，就想命人喊开城门进城，但赵匡胤担心战乱期间有南唐军冒充混入城内，于是断然拒绝开门，并说道："父子固然是至亲，但滁州城门的启闭，却是国家的事，不能因为父子之私人亲情随便开门。"赵弘殷便在城外一直等到天亮，才进入滁州城。赵匡胤见过父亲后，即领军去寿州城下追随周世宗了。或许是因为在滁州城外露宿了一晚上，已经50多岁的赵弘殷病倒在滁州。赵普亲自为赵弘殷调试汤药，从早到晚侍奉而不知疲倦，正所谓"躬亲药饵，朝夕无倦"。赵普在一份名叫《班师疏》的奏疏中说"宣祖皇帝（赵弘殷在宋朝建立后被追封为宣祖）滁州不安之时，臣蒙召入卧内"，也反映了这件事。这样，赵普大大加强了与赵匡胤一家的联系，使得两个人除了一份才情的契合之外，更建立了深厚的私人感情，这也成为赵匡胤乃至赵匡胤母亲杜氏信任赵普的重要感情基础。

通过侍奉赵弘殷汤药这件事，我们可以看到赵普身上的一些潜质，一个看似不是机会的机会，成为赵匡胤、赵光义兄弟对赵普产生好感的基础，也可以说是一次情感投资。赵普侍奉汤药这件平常的事，对赵弘殷来说，可不仅仅是喂药这么简单。他刚刚遭遇亲生儿子为了国家的公事而拒自己于城门之外，而赵普却像亲人一样天天来看他，陪他聊天，给他情感上的寄托和安慰，这实际上也弥补了赵匡胤拒绝老父亲进城和自己紧接着皇命难违、不能在父亲面前侍奉汤药的愧疚心理。再者，赵普侍奉的是一位病人，按说这事或许对赵普这样一位有点儿知识涵养的人来说是有些难度的，尤其是在和赵弘殷素昧平生的情况下，他能放下自己文人的身段，既消除与赵弘殷的隔阂于无形，又将老将军侍奉得挺好，可见赵普是一位不一般的推官，还真是能屈能伸呢。

到显德三年（956）六月，后周攻打南唐的淮南地区大部已落入后周军的掌控之中，大局已定，周世宗也得以暂时回到京城开封。此时赵匡胤还没有被任命为节度使，赵普奉旨调任渭州（今甘肃平凉）军事判官，再次回到他出仕为官的西北。七月，赵弘殷在返回京城开封的途中病死。十月，赵匡胤起复。因为赵匡胤有攻克滁州等战功，周世宗晋升他为匡国军（治同州，今陕西大荔县）节度使兼殿前都指挥使；十二月，原来的殿前都指挥使张永德被升为殿前都点检。赵匡胤升为节度使，跻身大将之列，大大提高了他的地位和名望。赵匡胤马上上表请求任赵普为匡国军节度推官，把赵普收入他的幕府之中。这是赵匡胤集团正式形成的开端，也是赵普发迹的第一步。

二、进入幕府中

提到幕府，绝大部分对历史了解的人都会想到日本战国时期的幕府。其实这里的幕府并不是单纯指某一位日本将军的幕府，而是泛指旧时将帅办公的地方。唐中后期的节度使等各种藩镇，处理各种事务时需要用到很多各司其职的手下，这就成为幕府的基本构成。我们就从藩镇的发展演变，来了解赵普进入赵匡胤幕府的历史和当时情境。

上一章我们介绍了赵普早年的人生轨迹。可以看到，不管是赵普出生的幽蓟地区，还是他迁居的常山，乃至他后来担任推官做事的地方，都或多或少地存在着一股不可忽视的政治力量，那就是割据一方的军阀，这些官衔为节度使的军阀在当时称之为藩镇。

我们来简单解释藩镇和节度使这两个词：藩，本来是篱笆，引申为屏障、卫的意思，镇是指军镇。唐廷设置军镇，本为保卫自身安全，没想到最后它们尾大不掉，反而导致唐代统治力量日渐衰弱，成为影响唐代中央集权和皇帝安全最大的威胁因素。节度，本意是节制调度，节本来是古代天子或皇帝派遣使臣时所拿的凭证信物，多数是用竹或木制成，故称节杖。节杖代表的是皇帝，以此证明自己的身份。唐代以前及唐代前期，一般节制州级的地方军事长官叫都督。唐睿宗景云二年（711），朝廷任命贺拔延嗣为凉州都督，担任河西节度使职务，这就使得节度使这个职务正式登上了历史舞台。受职时双旌双节，总领军旅民政，专诛杀，外任之重，无与伦比，辖区内各州刺史（郡守）皆为其属，并兼领所驻州刺史（郡守）；亲王、宰相遥领，则以副大使知节度事。凡节度使必带中央官衔，最高带同平章事，名曰使相。

开创开元盛世的唐玄宗到后期，安定繁荣的日子过得长了，逐渐丧失了以前那种励精图治的精神，改元天宝（742年改元）后，他纵情享乐，宠爱杨贵妃，信任宦官高力士，把朝政全交给口蜜腹剑的宰相李林甫处理。李林甫对玄宗只会事事逢迎，对朝政却是利用职权，专横独断。李林甫死后，杨贵妃的堂兄杨国忠继任宰相，更是排斥异己，贪污受贿，使政治日益败坏。至天宝初年，唐玄宗在边境附近设有九个节度使：范阳、平卢、河东、朔方、河西、安西、北庭、陇右、剑南。其中安禄山一人就身兼范阳、平卢、河东三大兵镇节度使，独掌唐朝精锐正规军已达15万，拥兵边陲，玄宗对他非常宠信，引来当时宰相杨国忠忌恨，两人因而交恶，而唐玄宗又对此不加干预。安禄山手下也招揽了一批人才，高尚和严庄是安禄山著名的两大军师。高尚是安禄山平卢节度使的掌书记，严庄的起家则是掌握本案文书的孔目官。

在看到边镇节度使的兵力远超中央兵力、"外重内轻"的局面之后，身兼范阳、平卢、河东三镇节度使，拥兵15万的安禄山经过几年谋划，终于在天宝十四年十一月初九（755年12月16日），发动属下唐兵以及同罗、奚、契丹、室韦共号称20万，以"忧国之危"、奉密诏讨伐杨国忠为借口在范阳起兵，很快就攻占了洛阳，安禄山自称大燕皇帝。第二年，唐军在潼关溃败，安禄山叛军攻入长安。唐玄宗匆忙南逃，当走到马嵬驿（今陕西兴平）时，随行将士杀死杨国忠，又迫使玄宗绞杀杨贵妃，才肯继续起行。同时，太子李亨逃往灵武（今宁夏境内），在郭子仪、李光弼等一班西北将领的支持下，即皇帝位，是为唐肃宗。叛军内部也发生了权力更迭，安禄山为儿子安庆绪所杀。唐军联同回纥援兵乘机反攻，收复了长安和洛阳。不久安禄山部将史思明又杀掉安庆绪，重新攻陷洛阳，也称大燕皇帝，后又被儿子史朝义杀害。于是唐朝再借回纥兵，收复洛阳，史朝义自杀，这场持续了八年的"安史之乱"才告结束。

安史之乱爆发是唐代历史的重要转折点，自安史之乱后，唐中央的统治力量大大削弱，唐王朝被迫以魏博、成德、幽州三镇分授安史旧将为节度使。他们在辖区内扩充军队，委派官吏，征收赋税，形成河朔三镇的割据形势。原来在唐代边疆才设置的节度使，在内地也广泛地设置开来。进入中晚唐时期，随着唐代中央政府势力的日渐削弱和藩镇势力的增强，藩镇不但占据辖据的土地，还拥有土地上的人民，加上人数不等的武装力量，藩镇和中央政府之间形成了一种动态的力量平衡。而到唐朝末年爆发的黄巢之乱，则使唐朝失去了对藩镇的原有控制，尤其是导致地方上出现了失控的局面，最终使得唐朝统治日渐走向瓦解。这比安史之乱带给唐朝的打击更大。如果说安史之乱后的唐朝尚且能够借助重构秩序的方式，再次维系统治，而黄巢之乱所导致的混战局面，不但使得当时相对比较安定的南方也卷入了战乱的局面，而且使得南方各大诸侯也开始拥兵自重，地方上的实力派逐渐走上与唐中央分庭抗礼的割据局面。这比起仅仅影响河北和京畿要地的安史之乱可厉害多了。在镇压黄巢起义的过程中，各地军阀打破了既有的统治秩序，进而走向分裂。

与藩镇在唐朝中后期大行其道的同时，各个藩镇为了巩固自己的统治，招兵买马甚至可以说是招降纳叛，也纷纷通过辟署征聘委任的办法来招揽广大人才进入自己幕府，这逐渐成为中晚唐士人实现自己政治抱负的一种主要方式。经过黄巢之乱后，唐政府无法对藩镇实行有效的控制，各个藩镇想要在乱世求得生存，更是为了能称霸一方，加大了征辟广大士人进入自己幕府的力度，同时士人再想通过正常途径入朝为官的道路已经被封堵。到五代，唐末各个强大藩镇摇身一变，成为割据一方的帝王，各文职幕僚更是依附于他们而各为其主，其手底下的节度使更加需要士人为其处理日常事务和出谋划策。

正因为如此，五代各政权统治秩序一旦确立，就会对下辖的各个藩镇节度使采取压制措施，尤其是努力地对各节度使辟署手下幕僚这项权力严加控制，努力地将这项权力纳入中央政府的管辖范围之内。如后唐庄宗同光二年（924）三月，当时的中书门下向皇帝奏称，从今以后大的节镇节度使，管理三个州以上的节镇，每年可以报奏辟署三个管内官；管理两个州的，每年可以辟署两个管内官。而防御使则每年可以辟署一个管内官。在限制藩镇节度使奏官的同时，对于幕僚随节度使迁移的现象也给予了限制。到后汉乾祐元年（948），后汉中央甚至要直接收走藩镇辟署中高层文职幕僚的权力。就在当年正月，皇帝下令各个行军副使和判官，今后不得再奏荐，带节度使和宰相官衔的可以上奏掌书记、节度推官，防御使和团练使的判官和军事判官听从他们的奏文。他们所推荐的，带使相的可以奏荐三个人，不带使相的可以奏荐两个人，团练使和刺史可以奏荐一个人。到后周显德二年（955）中央再次下达诏书，再次强调了两京和诸州道府不得举荐判官。可见，五代中后期，中央对藩镇辟署不仅停留在限制的层面上，甚至已经开始着手收回藩镇辟署权力了。

五代是中国历史上有名的乱世，正所谓乱世出英雄，但可怕的是检验一个人是否是乱世的英雄更多的是要靠武力，更可怕的是要检验出这个人是不是英雄，得需要一个检验的过程。不管是"秦失其鹿，天下共逐之"，还是豪杰并起，无疑都需要各个势力派系经过一番你争我斗、你死我活的争夺才能出现一些统一的趋势和苗头。而出现武人当政，对于怎样治理一个国家或者他们自身的统治区域，无疑还是要靠知识群体，因为中国古代的统治者几乎都明白马上得天下而不能马上治天下的道理。于是，这些拳头硬的大佬们，就需要想方设法搜罗一批文人谋士，为己所用。小到抄抄写写，中到出谋划策，大到治理所统治的区域，都需要一番治理的内在秩序。

清代历史学家赵翼说，五代时期群雄割据，都想着战胜对手，即便是书信和檄文相互往来，也是以在竞争对手之下为耻辱，观察者也以此作为这个割据政权能否得到士人的标准。一时之间，都以招揽到名士光大自己的幕府作为荣幸的事情。不仅是割据一方的节度使，就是一般的武人刺史，也常常有文人在其幕府中。进入幕府的文人，叫作幕僚或幕宾。明代末年有一个文学家叫冯梦龙，他在自己的名著"三言"之一的《醒世恒言》第三十二卷中讲述了一个故事叫《黄秀才徼灵玉马坠》，讲到唐僖宗乾符年间（874—879），当时扬州有一个秀才黄损，被荆南节度使刘守道礼聘为幕宾。文中黄损专门解释了幕宾："如何叫做幕宾？但凡幕府军民事冗，要人商议，况一应章奏及书札，亦须要个代笔，必得才智兼全之士，方称其职，厚其礼币，奉为上宾，所以谓之幕宾，又谓之书记。有官职者，则谓之记室参军。"晚唐五代，情况大致相同；所说幕宾的情况，五代时大致仍是如此。简而言之，唐末五代幕僚的作用，一是出谋划策，二是代写奏折、书札，所以要求是才智兼全之士。从幕僚的作用看，有些类似今天的机要秘书之类。

节度使幕府中，常常有好几位幕僚，其中起主要作用的谋士，可称为谋主。说到谋主，后梁太祖朱全忠有敬翔，后唐庄宗李存勖有郭崇韬，后唐明宗李嗣源有安重诲，后晋高祖石敬瑭有桑维翰。这些人在其藩帅登上帝位后，都成为中枢重臣，执掌朝政大权。

说了这么多前传，我们最后聚焦于赵匡胤担任节度使前后的幕府情况。赵匡胤在升为节度使前后，在他的幕府中也收聚了一批谋士。在赵普之前，有楚昭辅和王仁赡；在赵普之后，昝居润推荐沈义伦到赵匡胤幕府，刘熙古、李处耘等人也先后进入赵匡胤幕府。

起初当赵匡胤谋主的，是掌书记吕余庆。说起赵匡胤手下的文职辅佐人员，首先要提的就是这位吕余庆。他可是历仕后晋、后汉和后周三朝，在濮州担任录事参军的时候，他的才干就被当时在澶州担任节度使的柴荣知道了。到赵匡胤担任同州节度使的时候，听说了吕余庆的才能，就推荐其作为从事。后来赵匡胤到滑州、许州和宋州担任节度使，就把吕余庆带到了自己身边。第二位是宋州人刘熙古，刘熙古早在后唐长兴年间（930—934）就中了进士，而且他还擅长骑射，可谓文武双全。在后晋时期，他担任后晋三司户部出使巡官，可谓是一位懂得财政的官僚，先后在今陕西地区的永兴、渭桥、华州的几个粮仓担任制置发运，到后汉时，他担任卢氏县的县令，到后周时任澶州支使、秦州的观察判官。到赵匡胤担任宋州节度使时，他进入赵匡胤的幕府，出任节度使判官。第三位是开封人，名叫沈义伦，后来要避当了皇帝的赵光义的名讳，在史书上一般称之为沈伦。他开始就是个教书先生，到后汉时期担任镇守陕西的大将白文珂的幕僚。显德年间，赵匡胤担任同州节度使时，沈义伦受曾经担任开封知府和副留守的后周重臣昝居润的推荐，进入了赵匡胤的幕府，后来一直担任赵匡胤幕府的从事。他比较擅长财政这一块，一直比较称职。最后一位叫李处耘，他以军事才能见长，曾经是后汉到后周时期的大将折从阮的幕僚，跟随着折从阮先后担任邓州、滑州、陇州和邠州四镇的从官，到显德年间，折从阮死前推荐李处耘到赵匡胤的幕府，任都押衙，李处耘也成为赵匡胤比较得力的幕府文职僚佐。

这些是赵匡胤担任节度使前后的文职僚佐。经过多年的努力与经营，赵匡胤的手下可谓是人才济济了。这其中有披荆斩棘的开路先锋，也有一批各怀才能的文臣谋士，既有善于宣传的人，也有长于理财的能手，他们在赵匡胤的带领下，对赵匡胤可谓忠心耿耿。这成为赵匡胤在政治上不断进步的基本班底。

再看外部环境，就相对比较复杂了。后周显德三年（956）十月赵普进入赵匡胤幕府时，赵匡胤虽已升为节度使，但论起地位和声望，在后周大将中还是比较低的。当时，在禁军将帅中，就有不下五个人的地位和声望都在赵匡胤之上。

首先一位就是殿前都点检张永德，他是后周太祖郭威的女婿，早在后周广顺二年（952）张永德就已经当上了殿前都虞候；到显德元年（954）

周世宗即位后,任殿前都指挥使。高平之战中,他支持赵匡胤的主张,两人各率两千骑兵,从左右翼奋起出击,左军白重赞等也率部力战,迅速形成对北汉军的夹击之势,使得后周军队转败为胜。之后,张永德被封为武信军(治所遂州,今四川遂宁)节度使;到七月,改封滑州(今河南滑县东)节度使。赵匡胤当禁军将领后,一直是张永德的部下。

第二位是侍卫亲军都指挥使李重进,他更是后周太祖郭威的血亲——外甥。广顺二年(952)任殿前都指挥使;显德元年(954)正月,李重进在张永德之前就担任了武信军节度使;到周世宗即位后,升为侍卫亲军都虞候;高平之战后,被封为许州(今河南许昌)节度使;到七月,被改封为宋州(今河南商丘)节度使,兼侍卫亲军都指挥使,是侍卫司的统帅,其地位还在张永德之上,自然也比赵匡胤地位高。

第三位是韩通,早年投奔后汉刘知远帐下。后汉隐帝继位后,乾祐元年(948)二月,河中、永兴、凤翔三镇连横反叛,隐帝任命郭威为枢密使,率军征讨叛乱,直到这时候,韩通才归为郭威统辖。在平叛的过程中,韩通跟随郭威冲锋陷阵,以至于身被六创,因此被提拔为都虞候,从此成为郭威的心腹。后来,刘承祐年少轻狂忌杀后汉的股肱重臣,郭威也是其中之一。被逼无奈之下,郭威起兵反抗,并最终代汉建周。在这一政变过程中,韩通作为手握兵权的军事将领之一,起了积极的促进作用。到显德元年(954)韩通升为保义军(治所陕州,今河南陕县)节度使。第二年(955),为侍卫亲军都虞候。周世宗征淮南,任京城都巡检留守的王彦超,作战勇猛武艺过人、担任河阳节度使的白重赞,出身将门善于攻伐、担任凤翔节度使的慕容延钊等人，这些人在资历和声望上也都高于赵匡胤。

作为周世宗的潜邸旧臣，通过高平之战和几次随周世宗攻打淮南的经历，加上"义社十兄弟"的加持，赵匡胤的势力得到迅速扩展，但相比于上述功臣勋贵，赵匡胤还是势力较弱小的。在地位、声望比较低的情况下，赵匡胤注意交结上司，亲近同僚，结恩部下及中下级军校，声望日隆，势力日渐发展。赵匡胤采取的这些策略，与他幕府群僚的指点是分不开的。

高平之战后，赵匡胤即注意交结上司张永德，两人关系日益亲密，并且赵匡胤还帮助张永德发展派系势力。《宋史·张永德传》说是张永德有意亲近赵匡胤，事实应该正好相反。以张永德皇帝亲戚兼殿前军统帅的身份，去巴结手下的一位军官，才真是不可思议的事情。显德三年（956），赵普进入赵匡胤幕府以后，张永德、赵匡胤的殿前司派系就多了一位足智多谋的谋士帮助他们出谋划策。这样一来，张永德和李重进的争斗便日益明朗化。张永德有意陷害与排挤李重进。

李重进脸色比较黑，以至于大家叫他黑大王。这年十月，周世宗一次亲征淮南后回到京城，淮南战事紧张，李重进率军驻扎在寿州（今安徽寿县），张永德的军队驻扎在下蔡（今安徽凤台县）。张永德每次和手下将士官吏一起吃饭宴饮，就喜欢说李重进的坏话，后来更是趁着酒劲儿说李重进有不法的企图，和他一起吃饭的将士官吏一听都大惊失色，张永德就派遣自己的亲信跟皇帝上报，说李重进有不轨的打算，想陷害李重进。但周世宗并不理会，对张永德的陷害采取既不相信，又不介意的态度，因为某种角度上还是亲戚的这两个人都手握重兵，偏听偏信地压制其中任何一人，都会让人感到担心和紧张。这时候李重进显示出自己顾全大局的一面，他独自一个人骑着一匹马就跑到张永德的营帐中，要与张永德谈一谈。但从事后的情况来看，周世宗最终还是比较相信张永德的，因为在这年的十二月升张永德为殿前都点检，使其地位、声望都可以和李重进分庭抗礼了。同时，周世宗又增补了另一位跟随养父郭威打天下的将领韩通为侍卫亲军都虞候，以此来增强侍卫司的势力，以达到维系朝局平衡的目的。

赵匡胤主动结交张永德，形成派系。他又把殿前都虞候慕容延钊和侍卫司虎捷右厢都指挥使赵彦徽当成兄长一样敬重，还去交结侍卫司虎捷左厢都指挥使张光翰。侍卫马军都指挥使韩令坤，也是赵匡胤的幼年好友。在赵匡胤小时候，说是曾经和韩令坤在一间土屋中一起赌博，结果老是听到麻雀在屋子外面叽叽喳喳叫唤，两人就跑出屋子看看是怎么回事，结果没承想，赵匡胤和韩令坤二人争着起身到屋子外捕捉麻雀，前脚刚起身，后脚只听轰隆一声，他们刚刚赌博的土屋子随即坍塌，也算是一种惊险了。长大后韩令坤成为郭威手下的亲军。郭威当上皇帝后，韩令坤担任禁军铁骑散员都虞候、控鹤右第一军都校，领和州（今安徽和县）刺史。周世宗即位后，他升任殿前都虞候，就是赵匡胤的上司。显德元年（954）十月，出任侍卫马军都指挥使，领洋州（今陕西西乡）节度使，赵匡胤接任了他留下的缺儿。

赵匡胤在早年投奔还是枢密使的郭威、担任中下级军官时，就学习后周太祖郭威早年组织同级别的军官，组成所谓"义社十兄弟"。这十兄弟中，有当时担任右卫大将军的李继勋，他本来在当时这十位"兄弟"中地位最高，却在显德三年（956）淮南战事中因作战不力被罢去侍卫步军都指挥使的职务。除赵匡胤之外，还有担任铁骑控鹤四厢都指挥使的石守信，任铁骑都虞候的韩重赟，任铁骑都指挥使的王审琦，任铁骑右厢都指挥使的刘光义。这其中的铁骑、控鹤，都隶属于后周殿前禁军的军号，石守信这四个人都是殿前司的中级将领。通过"义社十兄弟"，赵匡胤和中级将校发生了密切联系，逐渐形成了以他为首的派系势力，渐渐独立，并尝试与张永德脱离。

到显德四年（957）二月的时候，赵匡胤第二次追随周世宗攻打南唐的淮南，并受命攻下连珠砦，斩杀敌军三千多人，切断南唐军之间的联系，使其首尾不能相顾。继而后周军攻破南唐守军所把守的各个军寨。后周军的围点打援战法，将各路援军各个击破，使得自显德二年（也就是南唐的保大十三年，即955年）十二月就一直被后周围困的寿州城越发处于孤立无援的状态。最终在这年三月，守将刘仁瞻终因粮尽援绝，被迫投降。赵匡胤也因为战功，在周世宗返回京城后的五月被封为义成军（治所滑州，今河南滑县东）节度使，加检校太保衔，继续担任殿前都指挥使的职务。赵普继续在赵匡胤的幕府担任从事。到这年冬天，赵匡胤随周世宗第三次出征淮南，终于在第二年（显德五年，即958年）的三月，赵匡胤等后周将领在皇帝的亲自调度下，接连攻下南唐的濠州（治所在钟离县，今安徽凤阳县东北）和泗州（治所在临淮县，今江苏盱眙县西北），赵匡胤所率军队更是所向披靡，南唐终于被后周轮番几次的攻打所降服，南唐统治者李璟最终被迫同意割让淮南的十四州，淮南全部归入后周的版图。五月，赵匡胤被改封为忠武军（治所在许州）节度使，继续担任殿前都指挥使。赵普也依旧在他的幕府任从事。

显德四年（957）夏天，契丹袭扰，后周世宗命张永德亲自率领步军骑兵共二万去抵御。张永德领命将兵备御北部边境不在京城，这时殿前司实际统帅就是赵匡胤。随着赵匡胤地位的上升，也有了关于他的一些小报告，这也不得不让赵匡胤开始格外小心提防。比如当时南唐国主李璟就派人给赵匡胤送来书信及白银三千两，赵匡胤为防周世宗猜疑，就老老实实地把书信和白银全部交给了内府。赵匡胤在几次出征淮南时，曾收购了一大批书籍，用车子运回京城开封（《宋史》宋太宗传记中记载说这是赵匡胤送给自己的弟弟赵匡义的），有人跑到周世宗那里打小报告说，赵匡胤跟着您去攻打寿州，自己偷偷地运回来好几车好东西。周世宗就派人检查赵匡胤全部装行李的物件，却发现是几千卷图书。于是周世宗就把赵匡胤召来问他，说爱卿你给我做统兵的将领，开疆拓土，应该好好训练士兵，弄这些书干什么？赵匡胤估计是早有准备，说微臣我呢一直觉得没有良谋奇策向皇上献出，经常怀疑自己能力不够，所以就想着多看点儿书，来增加自己的智慧，进而给皇上献出好的计策。应该说这是情商很高的一段对话。周世宗听了这话，才算释疑，并高兴地连声称赞。赵匡胤作为一介武夫，处理南唐献给他的书信财宝及应对皇帝的猜忌滴水不漏，这跟他手下幕僚们的指点不无关系。

等到淮南被平定后，张永德出巡北边，赵匡胤应该说就起了想当殿前禁军最高统帅都点检的野心,却未能如愿以偿,始终担任的是殿前都指挥使。赵匡胤派系开始有意无意地散布流言,说赵匡胤立下了很大的功劳,朝廷虽然给了他一定的封赏,但基本上也就是把他从一个节度使换成另一个节度使,给他的恩赏还不够。这不能不引起周世宗和其他将领的猜疑。当时,禁军的另一个系统侍卫亲军都指挥使李重进和侍卫亲军都虞候韩通都在开封。尤其是韩通,一向对后周皇室忠心耿耿,而且深得周世宗信任。作为李重进的副手,又有与殿前司并驾齐驱的侍卫司制衡,不管是军官官阶还是年资方面都不如李重进和韩通的赵匡胤不能不有所顾忌和收敛。所以以赵普为代表的幕僚在散布流言"要官"未能获得成功后,退而求其次,以敌国南唐献给赵匡胤白银和从淮南前线运回书籍作掩饰表达对皇帝的忠心,以释周世宗之疑,以退为进,不能不说是独辟蹊径。

自显德三年(956)十月赵普到赵匡胤幕府后,赵匡胤的势力有了长足的发展,已经形成了一个强大的派系,在禁军中拥有很大力量。赵匡胤又伪装忠顺小心,获取了周世宗的高度信任,前途正未可限量。这一切,与他的幕府群僚运筹帷幄大有关系,而赵普在其中起了主要的作用。

随着赵匡胤地位提高,赵普在赵匡胤幕府中的地位也水涨船高,这也反映了他所发挥的重要作用。显德六年(959)赵匡胤改任归德军(治所宋州,今河南商丘)节度使,赵普代替吕余庆任掌书记,从名到实,都成为赵匡胤集团的谋主。这一年,赵普38岁。

显德六年(959)三月,周世宗亲率大军北伐契丹。离开京城四十多天,后周军对契丹的攻势可谓势如破竹,契丹望风而逃,后周军一举拿下益津关（今河北霸州）、瓦桥关（今河北雄县西南）和淤口关（今河北霸州东信安镇），一共得到十七个县、一万八千多户人口。

话说这天周世宗在大胜之后回到瓦桥关，因为北伐进展顺利，就兴致勃勃地登上一座小土山，来观察后周军的军容，心中可能美得很。听到皇帝陛下在此，当地老百姓一百多人就拿着好吃好喝的来犒劳，周世宗兴致很高，就问老百姓这是什么地方，老百姓回答说这个地方历代相传，叫作"病龙台"。话说龙在古代可是皇帝的象征，周世宗自觉是真龙天子，没想到兴之所至的这个小土山叫作病龙台，一时很是不爽，就即刻下山而去，晚上就突然感到身体不舒服，只得卧床休息，由此患病。还有一种说法，说幽州当地的契丹人听闻周世宗御驾亲征虽然屡战屡胜，但他们丝毫不担心，说皇帝姓柴，而我们这是燕地，燕与烟同音，姓柴的人到有"烟"的地方，不是什么好兆头。但实际上这都是宿命论的一种后天的追封。但不管怎么说，周世宗在幽州后周军进展顺利的情况下忽然患病，而且病势凶猛，于是不得不在取得一些胜利之后在五月班师回朝，六月周世宗死于开封。在北征的过程中，发生了看似蹊跷、实则对周世宗影响更大的事情，就是出现了一块神奇的木牌。因为记载木牌的历史资料不同，导致说这块木牌神奇的原因也就不止一个：

其一，这块木牌长什么样子？有说这块木牌的尺寸超过三尺的，有说长二三尺的。

其二，这块木牌从哪里来？有说这块木牌是从一个皮囊子里发现的，有说是从地里挖出来的。

其三，这块木牌写的什么？有说写了三个字"点检做"，有说写了五个字"点检作天子"。

看看，一块木牌竟然这么神奇，以至于发生了，都没有相对准确的记载。或许这暂时看来都不重要，最让人挠头的是这块木牌上的字的含义。不琢磨不要紧，一琢磨真是不得了，不管是三个字还是五个字，都明白无误地说了一个意思，是做殿前都点检的人想做皇帝！当时的殿前都点检正是张永德。作为一代圣主的周世宗哪能任由这种事情发生，由此，周世宗疑心大起，在北伐过程中生病并迅速赶回开封后，立马罢免了殿前都点检张永德，改由赵匡胤接任。看似解决了这个问题，毕竟当时做殿前都点检的人换了，可没想到没过半年，这位接任殿前都点检的赵匡胤登基坐殿，还真做了天子，这真是拗不过命吗？或者这就是天命所归？

我们其实不相信天命，这就需要我们针对这块木牌，提出一个终极之问：这块木牌是谁（指使）做出来的？

从表面上看，木牌说的是张永德要做皇帝，那肯定是张永德的仇家。我们前面说到，张永德和李重进虽然都算是周世宗家的亲戚，但实际上两人互相看不顺眼。但两个人的权位、背景不相上下。周世宗在对张、李二人委以重用的同时，又让他们互相牵制，以便制衡两人。

毫无疑问，这招确实厉害，以至于一直以来众说纷纭。有人说这是李重进所为，也有人说这块神奇的木牌是赵匡胤动的手脚，更有人觉得这就是出自赵普的手笔。真相到底是怎样的呢？我们不妨先把一些条件都摆出来之后再做判断。尽管史书上对这块木牌是怎么来的有不同的说法，但从这块木牌出发，我们基本上可以推断出这块木牌的前因后果和来龙去脉。

这块神奇的木牌起到了离间张永德和皇帝之间关系的作用。本着谁得利谁出招的基本原则，这块木牌的受益者除了张永德对头李重进之外，还有谁是受益者？

从最终的受益者来说，有一种说法是这块木牌是当时已经羽翼渐丰的赵匡胤势力所为。为什么这么说呢？其一，当时赵匡胤的势力虽已不容小觑，但要完全摆脱老上司张永德的控制，就必须取代张永德。其二，这一年里，朝廷重臣王朴病死，周世宗又突然患重病，赵匡胤感觉有机可乘，萌生了夺权的念头。其三，通过玄乎的手段来排挤自己的老上级张永德，在取而代之的同时，还可以制造所谓的"天意"，为其篡权做舆论准备，可谓一箭双雕。其四，周世宗北伐燕云期间，赵匡胤一直率军拱卫左右，有的是做手脚的机会。其五，有人认为，这是工于心计的赵普在综合判定后周军界张永德和李重进的矛盾后，决定火中取栗，利用周世宗的怀疑，让赵匡胤渔翁得利。事情果真是这样吗？

细究起来，其实没有那么简单。为什么呢？大体有以下三个理由：其一，当时赵匡胤的地位，虽然比起一些后周的大将来已经有所提高，但要看到，在后周朝廷上，职位、威望高于赵匡胤的武将仍然很多，肯定不止张永德一人，即使张永德被罢免，殿前都点检也不一定轮得到赵匡胤。如果此事真是赵匡胤所做的，那赵匡胤有十足的把握，是他自己来替代张永德吗？未必！忙活了一大阵，很可能替别人做嫁衣裳。赵匡胤应该不会冒这种风险。其二，根据史书的记载，出现这块三尺木的时候，周世宗其实还没有得病。那时周世宗正意气风发,当时契丹的皇帝,正是昏聩的辽穆宗,号称"睡王"。周世宗率领已经与十国政权打过多个回合的久战之师后周军,准备一战收复燕云十六州,作为周世宗得力爱将的赵匡胤竟敢于此时有非分之想,着实有些不可思议。第三,最最重要的,周世宗为人机敏,干什么事都是亲自来做,同时他勤于政务,一般人和事还真是蒙蔽不了他。赵匡胤虽然拱卫左右,但要做这样的手脚而不被察觉的可能性不大。更何况就算他做到了,赵匡胤是皇帝"身边人",往往是最直接的被怀疑者,更容易被周世宗怀疑,这样做岂不是引火烧身?

由此,我们根据张永德当时的人际关系和事后周世宗的后续安排来看,进而确定三尺木是李重进所为。其实,周世宗刚开始看到三尺木时,并无多大反应,估计是圣明烛照的周世宗已经猜到这是李重进所为,他有这个自信能自如地处理好这件事。然而人算不如天算,这一切都随着周世宗突然患病而改变。或许健康的周世宗并不在意这句"点检做"的谶语,而这一切随着他突然患病却发生了改变。想到后晋的开国皇帝石敬瑭就是后唐明宗李嗣源的女婿,柴荣不得不提防这位其实没有血缘关系的妹夫(张永德比柴荣小7岁),万一其在自己身后对自己年幼的儿子不利呢?想到这里,柴荣决定换掉担任殿前都点检的张永德。

在周世宗返回东京途中,还发生了一件事,更加促使周世宗下定决心,罢免张永德的殿前都点检之职。说的是,周世宗在回京路上到澶渊之后就停下来了,而且好几天不跟文武大臣见面。大家越发纳闷,本来皇帝病了赶紧回到京城才是最紧要的,这怎么停步不前了呢?最后就撺掇张永德去问问皇帝到底怎么回事。张永德是郭威的女婿，柴荣是郭威的养子，虽然没有血缘关系，但至少是亲戚啊。好，一帮大臣就跟张永德嘀里啪啦说了一顿，说你跟皇上是亲戚，现在皇上身体不舒服，待在距离京城这么近的澶州是干什么啊？而且天下还没有平定，待在半路上会招致天下人议论纷纷、让天下不安啊！张永德也是耳根子软，觉得有道理，瞅了一个空就去觐见皇帝，按照大臣跟他说的原封不动跟皇帝说了一遍。周世宗听完张永德的话，冷冷地看着他说道，我本来就知道这些话是别人教你说的，别人都知道我留在澶州是什么意思，就你不知道。这话的意思是张永德你真是个大笨蛋。第二句说，张永德看你这穷酸样和德行，哪里像大富大贵当皇帝的样子，你是当不了皇帝的。说完让张永德退下后，没过几天就下令回到了京城。

从这段记载来看，周世宗当时还真动过让张永德来接受重任的打算。这个重任，大概有两层含义。第一层是托孤，毕竟当时周世宗最大的儿子也不过六七岁；第二层是传位。仔细体会周世宗对张永德说的话，看样子是后者，也就是传位的意思，但也有托孤的含义。但张永德这次无脑的、听从诸位大臣意见觐见的行为，让周世宗觉得他没有主见，进而对他大为失望。但考虑到他毕竟是皇亲国戚，而且殿前都点检这个有兵权的官职，确实不能让他来当，于是免去张永德殿前司的官职势在必行。而对于李重进，周世宗严重怀疑这次神秘木牌事件出自他手。既然张永德不能在京内担任殿前都点检，那李重进如果在京，局面更是难以制衡；但如果撤去他的职务侍卫亲军都指挥使，又没有实在的理由。于是柴荣决定保留李重进的职务，但把他调往河东备御契丹和北汉，以消除他在京的影响，升任一个忠实可信的人做亲军副都指挥使。

周世宗回到京城后，病情加重。六月，自觉不起的周世宗开始对自己的后事进行安排。没办法，谁让儿子们太小呢。话说，周世宗这时候活在人世间的儿子有四个，最大的儿子柴宗训也不过7岁，而且没有皇后。为此，柴荣封柴宗训为梁王作为皇位继承人，又立了自己第一任皇后的妹妹为皇后，并不是说对这位原来的小姨子有多深的感情，而是因为这位符皇后有个好爸爸，叫符彦卿。这位爸爸可是了不起，当时的头衔是魏王兼天雄军（今河北大名）节度使，在五代后期可谓举足轻重。用这位老岳父来扶保自己年幼的儿子，柴荣可谓用心良苦。

文臣方面，周世宗最信任的文官王朴此前已经猝然去世，柴荣只好退而求其次地托孤于宰相范质、王溥、魏仁浦，令范质、王溥参加枢密院事，魏仁浦兼枢密使。这样，三人位兼中枢，用文人来掌握军政大权，以辅佐7岁幼子柴宗训。武将方面，选择了赵匡胤和韩通为托孤之臣。殿前司，免去张永德的殿前都点检职务，让他出任刚刚提到的澶州节度使，升赵匡胤为殿前都点检；而殿前副都指挥使为慕容延钊，殿前都虞候为石守信。侍卫司，李重进任侍卫亲军都指挥使，领所部赴河东备御；韩通升为侍卫亲军副都指挥使，加同平章事；韩令坤仍为侍卫马军都指挥使，领兵驻北边，任北面兵马都部署；袁彦任侍卫步军都指挥使；侍卫马步军都虞候空缺。

按照周世宗的想法，新上任的赵匡胤、韩通比起张、李二人，对皇位的威胁要小很多，不过周世宗的疑心并未因此而完全消除。当时有大臣私下告诫周世宗，"赵匡胤有人望，不太适宜由他来统领禁军"。周世宗虽然没有罢免赵匡胤，但也做了些防范。在临终前，让宰相范质、王溥、魏仁浦执掌中枢大权，此三人倒也算有才能的文臣。掌控部分禁军的韩通虽然脾气不好，但是勇气过人，也能得军心。如此安排，各方势力得到了平衡，看似也还不错。

当时，有大臣还是劝告周世宗，不要让赵匡胤统领殿前司禁军。周世宗想起"点检做"的谶语，总觉得不安。为此，柴荣虽然让赵匡胤升任殿前都点检，但也下令军政主要由韩通裁决。范质、王溥、魏仁浦，这三位廉洁谨慎又谨守法度，一向以宽厚长者著称。韩通从禁军小校，积战功升至侍卫亲军副都指挥使，与禁军关系很深，能得军心，加之有勇力，素称谨厚，比较忠实。周世宗的安排是文靠三相，武靠韩通，文武协力，维持其幼子的帝位。至于赵匡胤，至少他平时还算忠诚老实，而且资历相对较浅，应该不会有什么大问题吧？

在尽量给年幼的儿子布置好统治局面后，正当壮年的周世宗充满遗憾地去世了，年仅39岁。时年7岁的柴宗训继位，是为恭帝。国家大事，主要由范质、王溥、魏仁浦三位宰相处理。恭帝即位后，照例要对将相大臣们加官晋爵。于是，禁军将校的情况也有了部分调整：侍卫司的李重进仍任都指挥使，但从河东调任淮南节度使，驻守扬州（今江苏扬州）；韩通仍为副都指挥使，留守京城，实际掌握着军政；都虞候由韩令坤升任，继续担任北面兵马都部署；马军都指挥使为高怀德，张令铎则担任步军都指挥使。殿前司由赵匡胤为都点检，他的副手也就是副都点检由慕容延钊担任，石守信为都指挥使，王审琦为都虞候。张永德则由澶州节度使调任许州节度使。

文官以范质、王溥、魏仁浦三人为首，武将以赵匡胤和韩通相互制衡，看似文武搭配、干活不累，局面比较稳妥，但从后来事态发展结局上来看，周世宗还是算漏了致命的一点，那就是范质等人守成有余，却应变不足。这为在他去世后"陈桥兵变"埋下了伏笔。

被誉为"五代第一英主"的周世宗驾崩了，他用了五年半的时间，将中原王朝大一统的雄心点燃，但"出师未捷身先死"。如今换成了一个乳臭未干的小皇帝，正所谓"主少国疑"，在周世宗强力弹压之下的人心随着皇帝更换而躁动起来。一直对政权有所觊觎的赵匡胤集团开启了自己的夺权之旅。赵匡胤及其谋士、兄弟们开始着手积极行动起来。

正所谓世上就没有不透风的墙，赵匡胤的打算和活动的蛛丝马迹引起了一些大臣的注意。其中就有一个叫郑起的大臣，上书报告首相范质，说赵匡胤在搞谋朝篡位的阴谋活动，但范质等人并不重视，也不为所动。但赵匡胤却对郑起非常记恨。还有一位也发现了赵匡胤的一些端倪，就是韩通的儿子韩微，他几次告诉父亲韩通，并多次劝韩通要先下手为强，制止赵匡胤，但韩通既不听也不在意。赵匡胤知道韩微告发了他，又对韩微特别记恨，同时更加积极地开始夺权准备。

尽管赵匡胤掌握着殿前司的军权，但要想在小皇帝眼皮子底下夺权，仍面临着两个困难。其一，虽然赵匡胤名义上是殿前司的最高统帅，但实际上军权并不在他手中，而是由韩通掌握，赵匡胤对他还是有所顾忌的；

其二，开封是后周朝廷的国都，在国都之中要想取代后周也绝非易事。计议再三，赵匡胤和自己的谋士们便想出了一个绝妙的办法——既然城内不好搞，就把队伍拉到城外去搞。那以什么理由来把队伍拉出城呢？想来想去，就铤而走险用了谎报契丹入侵的办法，并且选了一个大家都相对容易放松的时间段。

话说到了显德七年（960）正月初一，镇州（今河北正定）和定州（今河北定州）两地报称北汉和契丹军队联合南下，攻打后周。宰相范质等人听到契丹入侵的消息，一时慌了手脚，便派殿前都点检赵匡胤率领大军，抵御外敌。赵匡胤看到毫无政治经验的20多岁的太后和还是小孩子的皇帝，再看看这些后周宰相轻而易举地就把统兵大权给了自己，真是喜出望外。事不宜迟，迟则生变，他马上开始调兵遣将。赵匡胤首先命令自己的副手——澶州节度使、殿前副都点检慕容延钊率兵先行出发。赵匡胤带着高怀德、张令铎、张光翰、赵彦徽等将，留下自己的兄弟殿前都指挥使石守信、殿前都虞候王审琦守卫京城。这样的安排，可谓深思熟虑。侍卫步军的虎捷左、右厢都指挥使张光翰和赵彦徽，一向和赵匡胤关系不错，而张令铎为人宽厚，侍卫步军实际上也是支持赵匡胤的，加上随同出征的还有部分殿前司的军队。虽然侍卫马军和统领者高怀德暂时态度不是很明确，但到时候，殿前军与侍卫步军一起起火架秧子，裹挟侍卫马军一起操作也不是不可能。况且赵匡胤这个人一向在中下级军校中挺有威望，再加上侍卫马、步军既已大部跟着赵匡胤走了，留在京城的反而主要是义社兄弟石守信与王审琦统率的殿前军，战斗力极强的殿前军对后周京城内的势力还是有威慑的。留在京城的韩通虽有兵权，但他的部队却被赵匡胤带走，即使韩通到时候想对抗赵匡胤，也是势单力孤。

同时，殿前副都点检慕容延钊，虽然赵匡胤把他当哥哥一样看待，但毕竟不是嫡系，他资历比赵匡胤深，于是赵匡胤决定让他正月初二就率领前军先出发。就在这时，一个要策立新天子的流言在京城开封城中散布开来。这是五代改朝换代时惯用的一种套路和手法。改换天子的消息一传开，一时人心惶惶。赵匡胤也做了周全的布置，他跟家人透了风，要母亲和妻儿第二天去寺庙施舍，借以躲避在寺庙中，避免遭到伤害。只有范质、韩通等人全然不知道这股暗流。正月初三，赵匡胤率大军离京北上，对出征的部队严加约束，大军秩序井然地离开了京城，人心稍微安定。赵匡胤手下的赵普等一班谋士随军出发。临出发前，赵匡胤故作姿态地跑去韩通府上，韩微再次力劝韩通乘机杀掉赵匡胤，并准备下手，但韩通还是没听。

闲言休叙，那块神奇木牌上的"点检做"，再加上赵普等人的鼓噪煽动，使五代以来一直习惯拥立拳头大的统帅为皇帝的想法在禁军中下级军士中暗流涌动，他们准备故技重施发动兵变。对此已有较为充分打算的赵匡胤却揣着明白装糊涂。大军于当天晚上到达离开封城有四十五里路的陈桥驿（今河南开封东北陈桥镇）宿营。赵匡胤喝了一通酒，假装睡觉去了。幕府谋主赵普则无暇睡觉，开始了可以改变他一生命运的操作——担当起直接指挥兵变导演的重任。

在升官发财欲望的驱使下，一大帮禁军军官士兵聚集来到赵普帐内。赵普当时正在跟李处耘等谋士商议，军官士兵们吵吵嚷嚷，让赵普做主，他们要拥立赵匡胤做皇帝，一时群情昂扬。赵普与李处耘假装呵斥了几句，才让将士们稍微安定一些。赵普对大家说，拥立皇帝是件大事，一定要好好考虑，你们这样太过随意和大逆不道了。看到这些禁军将士老实了一些，赵普就先试探他们说外敌入侵，我们应该先打败外敌再来考虑册立皇帝这个事。急切地想发财升官的将校们哪里会同意，他们怕夜长梦多，要求马上改换天子。赵普见时机已到，就跟这些将士约好几条规矩，要求将士们立了皇帝、回到京城后不得对京城老百姓大加劫掠和骚扰，不要导致京城百姓人心不稳，而要使得四方安定。将士们都应诺允声。赵普这番话，可谓深思熟虑，他这样说是为了尽快完成夺权行动，安定京城局面，以便生米煮成熟饭，防止四方节度使对此疑虑生变。

在诸将校表示服从赵普的调遣和说法之后，赵普一方面让诸将校去分头鼓动和调动士兵，另一方面派人连夜赶回京城，向留守城内的石守信、王审琦等人通报情况，并让他们行动起来，准备接应赵匡胤大军返回城中。一切都安排好之后，深夜里，这些禁军中下级军官率领士兵们全副武装地排列在驿站的门外，说要拥立点检赵匡胤当皇帝。

正月初四日的黎明，注定和前几天的黎明不一样，在禁军将士们大声地欢呼和叫嚷中，赵普和赵匡义一起带领军官去找看似不是主角的赵匡胤。赵匡胤打着呵欠刚坐起来，一件早已预备好的黄袍便非常识趣地披在了他身上，各位禁军军官齐刷刷地跪下，高呼万岁。紧接着，上来几个人把赵匡胤扶上马，准备簇拥着他南下返回京城。赵匡胤勒住缰绳，在马上对诸位禁军将领说，你们自己贪图荣华富贵，让我来当皇帝，但你们要听我接下来的话，如果不听，我就不当这个皇帝了。诸位一听，齐声应允。赵匡胤接着说，小皇帝和太后都是我原来侍奉的主子，朝中的公卿大臣都和我同朝为官，不允许你们欺负他们。近代以来的皇帝们，回到京城就放纵手底下士兵大肆劫掠，不允许你们这样做，等局面安定下来，我到时候必然会对你们好好赏赐的。如果不听我这些话，别怪我到时候不客气。诸位将领早已经听过赵普的意思和要求，此时必然对赵匡胤的命令加以遵从。赵匡胤再派遣一个人先行一步，进城告知执掌朝政的范质等人自己当皇帝了，要求宰辅大臣跟他合作；同时派人去安慰和守护躲在寺庙中的家人。石守信等早已做好准备，就等着自己的大哥回朝坐天下呢。

此时的朝中，后周的大臣们早朝还未散去，听到兵变的消息，宰相范质捶胸顿足，后悔自己仓促间派遣赵匡胤率军出发，酿成兵变、改朝换代，但又不知道该怎么办。韩通不愧是武将出身，急忙从内廷跑出来，率领自己的少数亲兵准备攻打赵匡胤的殿前都点检办公地。石守信等人早已在那里做好了埋伏，看到韩通到来，乱箭齐发。韩通的亲兵打不过石守信的军将，只好四散逃走，韩通也只好逃回自己家中。殿前司有一位勇将叫王彦昇，领兵紧追不舍，追到韩通家门前，韩通到家后来不及关门，王彦昇即已领兵杀了进去，把韩通、韩通的老婆儿子几乎全杀了。后周朝廷将相中唯一的武力反抗行动，就这样被迅速平定。赵匡胤听到韩通父子被杀，放下了一桩心事，算是报了昔日韩通儿子一直想除掉自己的仇。

回到京城，赵匡胤在手下众将校簇拥下登上明德门，他命令军士解甲归营，自己返回都点检公署。这时，军士们把范质等中枢大臣押到都点检公署，威逼这些文官在刀光剑影之下承认自己已经是皇帝的既定事实。早已投靠赵匡胤的王溥第一个下拜，范质等人没有办法也只好跟着下拜，口呼万岁。随后，就赶往崇元殿举行所谓禅让礼，仓促之间完成中国古代史上最后一次禅让。到傍晚，担任翰林学士承旨的大臣陶谷拿出事先准备好的禅位制书，仓促举行了禅让礼，小皇帝下台，赵匡胤上台，8岁的小皇帝柴宗训稀里糊涂地把帝位"让"给了赵匡胤。就这样，仅仅一天时间，赵匡胤便从孤儿寡妇手中夺取了政权，登上了帝位，建立起赵宋皇朝，赵匡胤就成了宋朝的开国皇帝，改元建隆。这一年，赵匡胤34岁，赵普39岁。

在陈桥兵变中，赵普运筹帷幄，筹划周密得当，指挥得力妥帖，协助赵匡胤干净迅速地成功夺取了最高权力。赵普也由此成为宋王朝的开国功臣，初次显露出出色的政治计谋和能力。陈桥兵变在很大程度上是在模仿后周的开国皇帝郭威的兵变，但赵普在认真学习前人的基础上，策划得更加周密和成熟，夺权也更加迅速。同时，总结教训，严令禁军将士不得洗劫京城，争取京城老百姓的人心。短短一天之内，后周朝廷就改成了大宋朝廷，朝廷内外的大臣们会对新朝新君唯命是从吗？在新的朝廷建立后，赵普又有什么样的作为呢？请看下一章"巩固政权与出任宰相"。

第三章

◎

巩固政权与出任宰相

一、从征二李

陈桥兵变获得了成功，赵匡胤如愿以偿当上了大宋朝的开国之君，他手下的谋士赵普、吕余庆、刘熙古、沈义伦等从龙之臣都"一人得道，鸡犬升天"。除了赵普被封为右谏议大夫、枢密直学士之外，原来在赵匡胤担任归德军节度使时幕府下的其他赵普同僚也同样得到了封赏：判官刘熙古担任左谏议大夫，宋、亳观察判官吕余庆担任给事中、端明殿学士，摄观察推官沈义伦为户部郎中，都押衙李处耘为客省使兼枢密承旨、右卫将军，王仁赡担任武德使，楚昭辅为军器库使。他们都加官晋爵成为开国功臣，然而其中只有赵普进入了权力中枢。为什么这么说呢？

宋初，沿袭五代以来的旧习，枢密院权力很大。赵普"不鸣则已，一鸣惊人"地鲤鱼跳龙门似的进入位高权重的枢密院辅佐皇帝，但这并不意味着就可以高枕无忧了。朝野内外拥戴后周的势力仍然存在，并且还很强大。赵匡胤和赵普这对君臣要好好考虑一下怎么对付这些还眷恋着后周的朝廷大臣们。

朝中的大臣们可以弹压或镇服，但各地的节度使们手里有兵，就不那么好对付了。这些节度使身处五代这样朝代更迭比较频繁的时期，对换皇帝已经失去了敏感，早已司空见惯，但他们需要观望情势来决定是否对新朝忠诚。因此赵匡胤当上皇帝后，就派出多路使者携带诏书前往各地去安抚这些节度使，但除了与赵匡胤家有亲戚关系的天雄军节度使符彦卿（已故周世宗的岳父，同时也是赵光义的岳父）和他的老上级忠武军节度使张永德很快表示归服外，剩下的节度使都还没有表态。由此，赵匡胤还面临着比较艰巨的任务。

陈桥兵变中，京城的禁军是主力。赵匡胤本身就是殿前司的老大，加上本身禁军势力就很强大，所以他十分注意控制禁军。赵匡胤对另外一支重要的禁军力量也十分重视，对马、步军长官厚加恩赏。而对包括自己兄弟在内的武将功臣，比如石守信、高怀德、王审琦、张令铎、张光翰、赵彦徽等也逐一加官晋爵，分别提拔为侍卫司和殿前司的将帅，安抚他们的同时，也巩固自己的统治地位。

宋朝建国时，还有两支禁军大部队驻扎在京城以外。一支是由韩令坤统率，在北边巡防；一支是由慕容延钊统率的比赵匡胤的大军先一天出发的北征前军，已经到达真定驻扎。赵匡胤派使者到达两支大军驻地，这两位赵匡胤之前的密友也都表示听命臣服。赵匡胤于是也投桃报李，升韩令坤为侍卫司统帅——都指挥使,升慕容延钊为殿前司统帅——都点检,让这二人仍然驻守北方。赵匡胤又提升弟弟赵光义为殿前都虞候,把妹妹燕国长公主嫁给了殿前副都点检高怀德,以进一步加强对禁军的控制。毕竟是靠着兵权起家,在这时候,刀把子可是维持皇朝延续的根本。同时,为了收买后周旧臣的人心,追赠被自己手下杀死的韩通为中书令,以礼安葬,以示表彰他的忠义。二月,又开科举,录取进士杨砺等十九人,以争取士大夫对自己的拥护。

赵匡胤整顿中枢,让后周旧相范质、王溥、魏仁浦三位继续担任宰相,免去了范质、王溥参知枢密院事,魏仁浦仍兼枢密使,枢密使吴廷祚加同中书门下二品,赵普以枢密直学士身份实际处理枢密院事务,执掌枢密大权。这样保证枢密使为皇帝所调遣。

上述各项措施使得新皇帝迅速而牢固地控制了中央的军政大权,赵宋皇朝的统治在京城得到巩固。这时,各地的节度使本来是冷眼旁观的,但随着赵匡胤君臣迅速地巩固权力,他们也仿佛冬眠睡醒一般,开始有所动作了。

成德节度使郭崇,听到后周被赵匡胤取代后经常哭泣,对新朝篡夺后周的天下表示不满。保义节度使袁彦,白天黑夜地准备起兵造反。护国节度使杨承信,朝野上下也有他要谋反的谣传。驻守潞州的李筠一向好勇斗狠,听到后周被取代的消息,还取出后周太祖皇帝郭威的画像,挂在大厅墙壁上,对着画像哭泣不已,怀念后周已经是不争的事实。而赵匡胤的老对头李重进,原来就与赵匡胤不对付,又被新朝罢免了侍卫亲军都指挥使的职务，对新朝的不满与日俱增，更坚定了他反抗的决心，于是在驻地扬州到处招降纳叛，准备起事。而各地的节度使，尤其是那些观望的节度使都将李筠、李重进的成败当作自己是否效忠新朝的关键，因此对二李的处置已是宋朝能否安定的关键。而二李之中最先有实际行动造反的是昭义节度使李筠。

潞州地处古上党郡，地势险要，一直是扼守北汉南下中原的要冲。镇守潞州（今山西长治）的昭义节度使李筠，到此任职已有八年时间。他是跟着郭威创立后周的开国功臣，从小善于骑射，尤其是在射术方面号称能开百斤硬弓，而且连发连中。在潞州的几年里，他简直就是当地的土皇帝，有时都不请示朝廷就擅自挪用财赋，召集亡命之徒，就连皇帝周世宗都忍受不了他的跋扈，只不过念及他的勇猛，加上忙于南征北战才放过了他。赵匡胤当上皇帝以后，李筠本想马上反抗，但考虑到还要妥善准备，只好权且忍耐，暂时拜受了赵匡胤使者送来的诏命。正所谓敌人的敌人就是朋友，本来北汉与后周是世仇，但北汉的皇帝刘钧看到李筠对赵匡胤的态度，就派人送来一封书信给李筠，约他一起对抗宋朝廷。李筠常年对抗北汉，并没看上北汉，就一面派遣自己的儿子李守节带着这封书信上缴中央，其实是想让儿子打听一下朝廷对他的态度和动静，一面却在私底下继续厉兵秣马，加紧反宋的准备工作。李守节到了京城，居然被赵匡胤称为"太子"，情知父亲李筠谋反的事实已经被赵匡胤所知晓。出人意料的是，赵匡胤不但不治李守节的罪过，反而要放李守节回去，而且让他告诉自己的老父亲李筠说："我没做皇帝时，你怎样都行，但我做了皇帝，你就不能稍微忍让一些吗？"看来赵匡胤对李筠即将谋反进而攻打他的事有着相当充分的认识。李守节回来将赵匡胤的话一字不漏地报告父亲，李筠一看自己谋反已经是箭在弦上不得不发了，决定向北汉称臣。到了建隆元年（960）四月，李筠利用欺骗的手法以让和尚自焚的方式筹集了六十万钱粮，公开揭旗反宋，把朝廷派来的监军送给北汉，进而出兵攻占了邻近的泽州（今山西晋城）。李筠起兵的消息迅速传到京城开封，一时朝野震动。

潞州一带，地处现在的山西南部，这个地方居太行山之脊，历来就是兵家必争之地。李筠起兵后，他的手下建议他迅速地沿着太行山向西南行进，占领怀州（治所在今河南沁阳）和孟州（治所在今河南孟州），借助虎牢关的有利地形，占领洛阳，进而再东出与赵匡胤一较长短。然而相当自负的李筠却认为，我是朝廷老将，又和周世宗是多年的兄弟，朝中的禁军将领大多是我的老相识，他们听说我起兵，肯定会响应我的，就不打算采纳这个稳扎稳打的计策。说实话，如果真用这个计策，到时候再联合北汉以及契丹，赵宋皇朝西、北和西北三面受敌，还真有一定的胜算。话说北汉国主刘钧听到李筠起兵造反，下了一道诏书，向李筠赠送金帛、良马表示合作的诚意，并下令把全部军马带出去帮助李筠，手下有人反对，没想到刘钧也是个倔脾气，也是不听这金玉良言。刘钧和李筠各率军马在太平驿相遇，虽然双方是老对头了，但现在人家刘钧是皇帝，并封李筠为西平王，但当李筠看到这北汉军队，是皇帝没有皇帝的样子，仪仗更是寒酸，军队也没有军队的样子，竟然顿时对与北汉联合产生了几丝悔意。当被北汉刘钧召见时，故意说了一句，因为受到后周皇室的恩遇，不忍心背叛，所以才起兵要和宋斗到底。北汉本来就是与后周势不两立的，李筠说这话，让北汉很不高兴。加之李筠对北汉所派监军提出的作战计划也不感冒，双方的联合就在这种尴尬的气氛中勉强维持着。

太祖得到李筠进兵的消息后，听从了枢密使吴廷祚速战速决的建议，马上调派石守信和高怀德率军进击，并且告诫他们，千万不要让李筠南下太行，赶紧派兵去控扼要塞；又调派慕容延钊率所部由东路进军，与石守信、高怀德的大军相会，共同攻打李筠。建隆元年（960）五月，太祖下诏御驾亲征，效法当时周世宗留王朴守京城之故技，准备委派赵普留守京城开封。赵普权衡局势，看到皇帝都亲征了，知道讨伐李筠之战关系重大，因此不想留守京师，就对皇上的弟弟赵光义说，我在藩镇那边效力十五年，今天遇到了皇上才有从龙之荣，现在李筠气势正盛，正是我这样的臣子效命的时候，希望皇帝能看到我的诚意，我愿意到军前听候调遣。赵光义把这些话转告了太祖，太祖笑着说："赵普怎么能在军前效力呢？"话虽这么说，最后还是带着赵普一同亲征李筠。于是留下吴廷祚留守东京，知开封府吕余庆为副手，赵光义为大内都点检。太祖也知道讨伐李筠之战关系重大，心中并无必胜的把握，因此不能不预作安排，就对弟弟说道，这次出征，我要是打赢了，就什么也不说了；但万一要是输了，你就派遣赵普去把守河阳。河阳也就是上文刚提到的孟州，这是为了防止李筠南下进攻洛阳。而所谓的"别作一家计度"，估计是让李筠独立，而自己则把守河阳以东地区，因此要让赵普据守河阳。太祖在出兵时，为防万一，调动韩令坤所部兵马南下，驻屯河阳，以备不测。

赵普跟随太祖出征,来到荥阳(今河南荥阳),西京(即洛阳,今河南洛阳)留守向拱来见。向拱建议,宋军应迅速渡过黄河,越过太行山,在李筠的部队立足未稳、兵力不够集中的情况下对其发动进攻。赵普很赞同向拱的意见,就对太祖分析说,敌人趁着我们国家刚刚创立,以为你不会亲征,我们应该昼夜兼程,趁他还没有准备好,迅速地一战定乾坤。赵普进而分析了李筠的优势和劣势,让太祖刮目相看,决定按照赵普说的加快前进步伐、日夜兼程地迅速赶到与李筠接触,这让李筠非常吃惊。双方在泽州遭遇,李筠的三万大军被宋军击溃,不得已退回泽州城内,宋军猛攻泽州。到六月,宋军攻下泽州城,李筠无路可逃,投火自杀。不久,据守潞州城的李筠儿子李守节也献城投降宋朝,而支援李筠的北汉刘钧则带领败军逃回晋阳(今山西太原南),李筠之乱被平定。太祖调义社兄弟、宿将李继勋任昭义节度使,镇守泽、潞一带地区。

由于李筠的反叛迅速被宋军平定,各地节度使震惊于中央的强大军力,大都不敢再首鼠两端,相继宣布服从中央的统治:成德节度使郭崇请求入朝,太祖调忠正(治所寿州)节度使杨承信任护国节度使,忠武(治所许州,今河南许昌)节度使张永德调任武胜节度使,这些开始还想持观望态度的节度使都纷纷俯首听命,走马奔赴新任。赵宋皇朝这才算基本稳固地确立。

这年八月,太祖论功行赏,升迁参加讨平李筠之战的有功人员,特别交代要把赵普的功劳放在优等。在皇帝的亲自安排下,赵普于是升为兵部侍郎,担任枢密副使,名正言顺地掌管枢密院事务了。

早在李筠举兵反宋之时，李重进也开始跃跃欲试了，他先是派自己的亲信翟守珣同李筠联系，打算双方联合，一起起兵响应，好让宋太祖两面受敌。但没想到这位貌似李重进的"亲信"却背叛了他，反而转手就把李重进的情况报告了太祖，或许是经过深思熟虑，觉得反抗中央无异于以卵击石，为了前途考虑，这位"亲信"倒向了赵匡胤。在向宋太祖报告了李重进永远不会有归顺的想法后，翟守珣则更是接受了皇帝让他回去稳住李重进的任务。李重进听信了翟守珣的话，使宋军后来免受南北两面的夹击。李筠之乱平定，郭崇等人遵命赴任新职后，太祖下令调李重进任平卢（治所在青州，今山东青州）节度使。直到这时候，李重进才发觉大势不妙，九月决定举兵反宋。但这时的形势已经对李重进很不利，他处于孤立无援的境地。学习"榜样"李筠，李重进也只好派使者去向自己曾经的敌人南唐求援。南唐被后周和赵匡胤几年前打怕了，根本就不敢动，南唐国主不但不援助，反而反手把李重进给他的密信交到了开封。太祖得知李重进在扬州举兵的消息后，问计于赵普，赵普认为李重进困守扬州孤城，上下离心离德，外没有人愿意援助他，内又缺乏粮资储备，劝太祖务必速战速决，以绝后患。太祖听从赵普的计划，于十月再次督率大军亲征，结果很快就在十一月攻下了扬州，李重进全家投火自尽。

话说宋太祖对李重进怨念极深，李重进虽死，仍感未能泄愤，又把李重进的党羽数百人尽数处死，把李重进的弟弟、解州（今山西解州）刺史李重赞全家统统杀掉，又下诏搜捕李重进的党羽，捕得者也一并杀掉，以根绝后患，彻底清除李重进派系的势力。等到李重进派系的党羽被诛戮殆尽，太祖才假惺惺下诏说可以让他们自首，以示宽宏大量。但是此诏下后时隔才一个月有余，也就是（宋太祖）建隆二年（961）正月，又杀掉了曾向李重进献计的泽州刺史张崇诂。这些事实可见赵匡胤与李重进矛盾之深，赵匡胤也有挟私报复之嫌。

二李之乱被相继平定后，各地的节度使已经深知对抗中央不会有好果子吃，赵宋皇朝的统治也熬过了初立时的过渡期，最终得以完全确立。泽、潞与扬州两战的重大意义，让积极参加了这两次战役并出谋划策的赵普迅速升迁，同时更是由于随从太祖于戎马之中，并立下战功，从而在太祖的众多谋臣中脱颖而出，官至枢密副使，进而成为主要辅臣。赵普加官晋爵的同时，更是捞到了实实在在的好处，建隆二年（961）三月，宋太祖赐给赵普一处住宅，话说这处住宅靠近宫阙，方便觐见皇帝，也便于太祖来，共议军国大政。这相当于在现代的北京，住在了距离故宫最近的地方，大家可以自行想象赵普当时在皇帝心目中的地位。

二、任职枢密

建隆元年（960）正月，赵宋皇朝建立。传统上大家认为，为了安抚后周朝的旧臣，宋太祖并没有急于让自己做节度使时的幕府班底旧臣迅速接掌范质、王溥和魏仁浦的宰相职位，而赵普也不着急迅速掌握朝政。这实际上有失偏颇，因为宰相固然重要，但其实当时的权力中枢在枢密院。

说起枢密院，实际上这个机构起源于唐代宗时期任用宦官做内枢密使，当时内枢密使掌管的是朝廷机密文件，设置的本身就是为了分割宰相的权力。到了五代时期，士人开始担任这一重要职务，任职枢密使的人也大多是皇帝的亲信，皇帝与枢密使讨论军国大事，其权力甚至盖过了宰相。在五代后唐和后汉时期，所有的权力都集中在枢密院，而宰相只是充数而已。到了后周时期，尤其是周世宗时，因为皇帝加强中央集权，使得朝政由枢密院掌管的局面稍有改变。周世宗临死前，让顾命大臣、宰相范质和王溥参知枢密院事。赵匡胤建立宋朝以后的第二个月，给范质加侍中衔，给王溥加司空衔，依旧是宰相，却免掉了两人参知枢密院事的职务，实际上剥夺了两位宰相参与军国机要决策的实权。而另一位宰相魏仁浦自后周以来一直兼任枢密使，但他小心谨慎话又少。实权实际上操纵于已经低调进入枢密院、担任枢密直学士的赵普之手。到八月，赵普升为枢密副使，同时担任兵部侍郎，名正言顺地成为枢密院二把手的同时，继续在皇帝的支持下执掌枢密院的各项事务。

建隆二年（961），年已不惑的赵普被皇帝赐予"推忠佐理"四字的功臣名号。又过了一年，到建隆三年（962）十月，赵普任枢密使，时年41岁。乾德元年（963），赵普被赐予六字功臣名号："推忠协谋佐理"。乾德二年（964）正月，43岁的赵普出任宰相，独掌朝政。这几年正是赵普平步青云、越发受到太祖信任的时段，而赵普一生的高光时刻之一就是在这个时间。

说赵普以枢密直学士立朝数年，自然错了。但从赵普的仕历看，"太祖不亟于酬功，普不亟于得政"是事实。太祖要通过留用后周的宰相来安抚人心、稳定政局，消弭掉夺取政权后的人心不稳，这是一个很重要的原因。

但更重要的是，当时的朝廷大政实际出自枢密院，只要掌握了枢密院，没有必要急忙更换宰相。而《宋史》赵普本传的论赞说："事定（指建立宋朝）之后，（赵）普以一枢密直学士立于新朝数年，范（质）、王（溥）、魏（仁浦）三人罢相，始继其位，太祖不亟于酬功，普不亟于得政。"这话只说对了一半，还有另一半，我们需要结合五代时期历史发展的轨迹来看。

隋代创立三省六部制，由此至唐朝前期，中书、门下、尚书三省掌中央事权，而各有分工，职责不同。唐玄宗开元年间，张说任宰相，改三省长官议事的地方——政事堂为中书门下，自此以后，中书门下便逐渐夺走了三省的事权。后来，宦官势盛，由宦官担任的枢密使干预朝政，中书门下的事权又逐渐向枢密院转移。枢密使由唐代被宠信宦官担任，这也是唐代宦官专权的突出表现，中间除了后梁朱温改枢密院为崇政院，改用自己心腹重臣士人任职以外，后唐的郭崇韬、安重诲相继以枢密使掌握朝政。这是枢密使从晚唐到宋初大概的演变过程。而枢密使权力之重，也是早有定评的事。总的来说，唐末五代，枢密使的权力日益吃重，实际上取代了中书门下在中枢的决策地位。以五代时期的历史来看，五代各朝的主要辅臣如后梁的敬翔，后唐的郭崇韬、安重诲，后晋的桑维翰和后周的王朴诸人，都是担任枢密使，而他们本身就是皇帝的亲信重臣，即使任宰相，也兼枢密使。宋初，太祖罢范质、王溥参知枢密院事，是剥夺他们的实权；而让赵普进枢密院，则是避虚就实，去掌握实权的。

赵普进入枢密院后，范质、王溥、魏仁浦三位宰相可能是老于世故，也可能是发现了赵匡胤的某种暗示，对于军国大事，这三位很识趣地很少发表意见，魏仁浦虽然仍兼枢密使，但从不过问枢密院事务；另一位枢密使吴廷祚，也是后周旧臣，认真忠厚而又很少说话，更不会争权。所以，赵普虽然官仅枢密直学士，但实际上掌管着枢密院大权。吴廷祚罢职，迟至建隆三年（962）六月；赵普就任枢密使，更晚在建隆三年十月，这些仅仅是形式而已，并不影响赵普在皇帝的支持下一直掌握枢密院大权的实质。因此，赵普在宋朝建立的一开始，就已通过枢密直学士这个职务，成为枢密院实际的执掌者和太祖的主要辅臣，掌管中央大权，进而处理国家事务。

到建隆二年（961）七月，赵普官不过枢密副使，宰相范质就上疏说：宰相这个职务非常重要，对上要能辅佐皇帝，进而提出端明殿学士吕余庆、枢密副使赵普都是宋太祖在幕府时期的重要谋臣，决定让这两位来代替他们三位后周旧臣。奏疏充分反映出范质、王溥、魏仁浦等三相的尴尬境地。俗话说"一朝天子一朝臣"，这三位旧臣也确实蛮悲催，太祖的佐命功臣们咄咄逼人，根本不把这三人放在眼里，杀掉韩通的王彦昇甚至乘夜间巡逻之机，到宰相王溥家中去勒索。面对品级不如自己的太祖手下旧人，这位宰相居然只好拿出白银千两而不是用官威来压制，且一家人心惊肉跳，可见卑微如此。范质等三人也是有感于此，觉得与其虚居相位，不如干脆要求罢去自己的职务。

三、独相十年

由旧臣担任宰相，宋太祖不是没想过。先后担任宋太祖节度使掌书记的有吕余庆和赵普两人，虽然吕余庆相比赵普资格更老一些，但与吕余庆相比，赵普有机谋、通吏道，才干更强，所以赵普后来居上作为赵匡胤担任节度使时的掌书记也是必然的，而且赵普似乎更会做人，与太祖一家的关系也深得多。太祖对赵普像是一家人，太祖的母亲、已经贵为太后的杜氏时常召见赵普，仍呼他为"赵书记"，要他尽忠于国事；甚至时年已经20多岁的赵光义如果要外出，杜太后也要他与赵普同行才允许。太祖常到傍近宫阙的赵普家中喝酒议事，还称呼赵普的妻子为"嫂子"；太祖又封赵普的女儿为郡主。赵普在藩镇幕府摸爬滚打多年，而且慨然以天下事为己任，于是更得太祖信任。所以，虽然范质辞掉宰相职务时以吕余庆在前、赵普在后，而且貌似吕余庆位置更高，但实际上赵普的地位却升得更快一些。

到了乾德二年（964）正月，范质、王溥、魏仁浦三相再次上表求退，于是太祖顺水推舟，罢免了他们宰相的职务，任命赵普为宰相——门下侍郎、平章事、集贤院大学士，任命李崇矩为检校太尉，充枢密使。当时，因为三相齐刷刷地辞职，以致没有宰相署敕，任命赵普和李崇矩的敕书无法发出。赵普因此而入奏，宋太祖要自己亲自来署敕，但赵普却不同意，说这不是皇帝该干的。太祖于是问翰林学士从前的规矩如何，大臣窦仪说，可以让皇上的弟弟开封尹、同平章事赵光义为宰相来署敕。太祖依从窦仪的建议，命开封尹、同平章事赵光义署敕后，下发了敕书。这一年，赵普出任宰相，时年43岁。

赵普当宰相后，太祖宠待赵普如同左右手，事无大小，都是与赵普商量以后才实行，而且没有任命次相。继赵普之后出任枢密使的李崇矩，号称忠厚长者，与太祖关系又不深，于是中央事权便随着赵普出任宰相，由枢密院又转移到了中书。枢密院虽与中书号称二府，但军国大事都取决于中书。中书威权大振。

太祖专任赵普，但中书事繁，太祖想为赵普配备助手，却又不想有人分赵普之权。于是，他召来翰林学士承旨陶穀问道："下丞相一等的官叫什么名字啊？"陶穀回答说："唐代时期有参知机务、参知政事。"太祖就在乾德二年（964）四月任命薛居正、吕余庆担任参知政事，让参知政事地位低于宰相，不能干扰宰相为政。

从此以后，赵普便独相达十年之久。当时的朝政，事无大小，几乎都是由赵普来做决断，薛居正、吕余庆虽为参知政事，只是奉行皇帝的制书，两人有点儿充数的意思。宋太祖也把赵普看作是社稷之臣，称赞赵普是汉高祖时期萧何、曹参那样的人，燕赵地区的奇人，认为赵普是"良臣"，可见皇帝对赵普期许之深。

赵普早年就怀有大志，宋朝建立后，凭借自己的政治才干和皇帝赵匡胤的信任而渐掌大政，被封为宰相后更是深得太祖信任，实在是难逢之良机。赵普更加自信而不为外界所干扰，单独担任宰相达十年之久，成为赵宋皇朝的开国元勋，为赵宋皇朝立下了汗马功劳，也在历史上留下了自己的足迹。要想了解赵普担任宰相时的建树，请看下一章"削除藩镇与解除隐患"。

第四章

◎

削除藩镇与解除隐患

一、杯酒释兵权

唐代中期以后，中央在各地设置节度使，并由节度使统率各地的军队已经成为一种普遍现象。但随之而来却招致了"安史之乱"这样严重影响中央统治的叛乱。从755年到763年，经历唐玄宗、唐肃宗，一直到唐代宗三代，由著名将领郭子仪借助回纥势力，用了八年之久才最终将这场叛乱平定。但安史之乱平定后，盛唐的美好已是明日黄花，最典型的就是被唐朝姑息养奸以及帮助唐朝平定叛乱的地方势力，又成为新的节度使，他们已成尾大不掉之势，竞相扩大自己的军队，反而是唐朝皇帝因自己手下没有强大的军队来压制这些骄横的地方藩镇，失去了控制节度使的能力，于是形成藩镇割据的混乱局面。

连绵不断的战争，藩镇拥兵自重的需要，使军队的数量不断扩大，地位也更加重要，将帅遂日益骄横，士兵遂日益骄横。"兵骄则逐帅，帅强则叛上"，意思是下面的兵骄横了就把自己的统帅赶走，而主帅强横了，就开始背叛皇帝，这几乎成为唐后期中央和地方上普遍的规律。最终在镇压黄巢起义的背景下，从黄巢阵营投靠过来、化身藩镇而拥有强大军队武装的朱全忠取代了唐朝，成为给唐朝钉上最后一块棺材板的人。

然而进入五代，军事实力左右朝局的局面并没有随着改朝换代而得到任何的改变。五代时期称帝的帝王们和各地称王称帅的割据者，继续着唐朝的局面，他们还是那些拥有强大军队的藩镇，换皇帝的速度甚至更频繁了。

或许是为了稳固自己的统治局面，五代时期的中央政府与晚唐相比，开始重点扶植自身中央军力，以使自身实力壮大。自从后唐庄宗李存勖灭梁以后，各地藩镇的兵力逐渐再也不能和中央军力抗衡，左右中原政局的地方势力逐渐被中央压制，中央的禁军成为左右朝局发展的主要军事力量。在后唐之后的各代兴亡中，中央禁军人心的向背，成为小朝廷兴衰荣辱的决定性因素。后唐时期的明宗李嗣源、末帝李从珂与后周太祖郭威，都是由禁军拥戴上台的；李嗣源和郭威，更是由禁军统帅而登上皇帝宝座。因此，五代时期，禁军已成为统治者的心腹之患，成为皇帝特别在乎的一支军事力量。周世宗在高平之战后，整顿禁军，严明军纪，淘汰老弱，招募天下勇士，并在侍卫亲军马步军司之外设立了殿前司，使禁军士卒精强，正是抓住了问题的关键。因为禁军将帅平时掌管训练，战时统兵出征，很容易和士兵特别是中下级军官建立牢固的关系，这不由得不使皇帝特别在意这种关系。加上殿前和侍卫两司将校多在本司升迁,更易形成派系。禁军整顿后实力大增,精锐强悍,又往往被别有用心的人所利用。前段我们说了那块神奇的木牌上"点检做",之所以让周世宗在生命最后一年如此耗费脑细胞,正是为这事所做的最好注脚。而在周世宗死后半年,赵匡胤利用自己身为殿前都点检的身份发动的陈桥兵变,正是野心家利用禁军恶习的一次生动阐述。但是赵匡胤起家时地位的低微,夺取政权准备时间之短促,由权臣到开国之君夺权简直迅雷不及掩耳,这在五代和中国历史上都是罕见的。从中我们不仅看到了赵匡胤个人的才能和幕僚的谋略,更是看到了周世宗整军带来的副作用。

从禁军小校逐渐升迁到禁军将帅,再到黄袍加身、位登九五的赵匡胤,深知自己如此迅速地走上人生巅峰靠的是什么。因此当上皇帝后很重视对于禁军的控制。建隆元年(960),在平定二李之乱以后,宋太祖就开始了对禁军的初步整顿。首先罢去了关系较远,且不属殿前司系统的侍卫马军都指挥使张光翰和侍卫步军都指挥使赵彦徽,以自己义社兄弟韩重赟和心腹将领罗彦环取而代之,以此来牢牢控制侍卫司。第二年,也就是建隆二年(961)闰三月,赵匡胤又相继免去资深位高的殿前都点检"以兄事之"的慕容延钊和"发小"侍卫亲军都指挥使韩令坤,再次以义社兄弟石守信升任侍卫亲军都指挥使,太祖自己当皇帝之前最后一个官职——殿前都点检则不再由大臣担任。一番操作下来,殿前、侍卫两司将帅,基本全是太祖的心腹和亲信了。太祖对这腹心之患的禁军,貌似稍微放心了。但是,皇帝放心,作为主要辅臣的赵普却不能放心,他认为仅此尚远不足以消除腹心之患，还应该更进一步。

宋太祖赵匡胤出身武将，有浓厚的行伍习气，即帝位时也只有34岁，正是年富力强的年纪。因此虽然对武将有猜忌之心，用心腹掌握禁军，还常常微服出巡，但他还是自负地认为自己能掌控好这些兄弟。觉得义社兄弟石守信等人都是以往战场上过命的兄弟，不会危及自己的统治，因此，并没有更进一步的设想和办法。

赵普作为宰相和文人就不这么想。我们知道，赵普出身中下层官员家庭，精通官道，又在节度使幕府长达十几年之久，对世道人心的掌握自然比赵匡胤更深刻。而且赵普对禁军兵变的认识也比较深刻。在过往的人生经历中，赵普看到过后晋石敬瑭的开国功臣刘知远、后汉刘知远的佐命功臣郭威，在新朝建立后，久握兵权，逐渐形成自己的势力，最终都功成名就，成为开国帝王。由此，赵普对于佐命功臣石守信等人久握兵权，不能不暗生疑忌。作为文臣来说，他既不愿看到武将权力的膨胀和持久，又不愿五代武人掌权的现象持续下去。现实情况又加重了赵普的忧虑。当时，义社兄弟多自恃有拥立之功，禁军将校也多骄横不法。有鉴于此，赵普多次向太祖建议，要求解除开国武将石守信等佐命功臣的军权，太祖愣是不听。赵普多次陈说后，尤其说道，看你这些兄弟，都不是统御下属比较有才能的人，如果他们不能压制手下，万一他们也想作孽，到那时也不得自由了。这句"不得自由"十分刺耳，宋太祖不禁想起陈桥兵变时自己也是因为"不自由"的情况，最终幡然醒悟，接受了赵普的建议，这才有了接下来著名的"杯酒释兵权"的历史话剧。这件事非常重要，我们不妨把整

第四章 削除藩镇与解除隐患

个过程描述一下。

话说建隆二年（961）七月初九，这天散了晚朝时，宋太祖把石守信等这些昔日的兄弟、今日都是禁军高级将领的主儿留下喝酒。酒兴正浓，宋太祖突然将侍从屏退，预示着有大事要发生。他先是叹了一口气，感觉很言不由衷地说道："我若不是靠你们出力，是当不了皇帝的，为此我从内心里一直念及你们的功德。可是当了皇帝以后，虽然不是很容易，但现在感觉还不如做节度使快乐，我整个夜晚都不敢安枕而卧啊！"石守信等人一听，当了皇上怎么还不高兴呢？就赶忙问是什么原因，宋太祖意味深长地说："这还不明白，我这个皇帝位置哪个人不想坐呢？"

石守信等人一听，知道皇帝这是话里有话，连忙跪下叩头说："陛下您怎么能这么说呢？现在天命已定，哪个还敢有异心呢？"宋太祖接过他们的话题说："那也未必，你们虽然没有异心，然而你们部下如果想要荣华富贵，一旦有一天把黄袍披在你们的身上，你们就是不想当这个皇帝，到时候恐怕也是身不由己了。"这些将领一听大惊失色，知道皇帝这是猜疑他们要谋反，弄不好还会引来杀身之祸，一时汗流浃背，都惊恐地哭了起来，恳请宋太祖给他们指一条生路。

宋太祖火候拿捏得刚刚好，就长叹一声说道："人生在世，像白驹过隙那样转瞬即逝，所以追求富贵荣华的人，不过是想多攒点金钱，多多尽情享受，再使子孙后代免于贫乏能过上好日子。这样的话，不如你们放弃兵权，到地方去当个节度使，多置办良田，多买房子，为子孙留下一份长远丰厚的产业；同时多买些歌姬舞女，天天饮酒相欢，快快乐乐地过完这一辈子；朕同你们再结为儿女亲家，君臣之间，不用互相猜疑，上下和睦相安，这样不是很好吗？"

石守信等人见宋太祖已把话讲得很明白，再无回旋余地，而且当时宋太祖已牢牢控制着中央禁军，几个将领别无他法，只得俯首听命，表示感谢太祖给了他们一条生路，说道："陛下为我们想得如此周到长远，对我们真是像亲兄弟一样。"

第二天，石守信等不约而同地上表声称自己有病，纷纷乞求解除兵权。宋太祖欣然同意，对他们安抚了一番之后，就下令罢去其禁军职务，到地方任节度使，并废除了殿前都点检和侍卫亲军马步军都指挥司。禁军分别由殿前都指挥司、侍卫马军都指挥司和侍卫步军都指挥司统领，即所谓三衙统领。在解除石守信等宿将的兵权后，太祖另选择了一些资历浅，个人威望不高，容易控制的人担任禁军将领。于是禁军领兵权拆而为三，以名位较低的将领掌握三衙，这就意味着皇权对军队控制的加强。

以后，宋太祖还兑现了与禁军高级将领联姻的诺言，把守寡的妹妹嫁给高怀德，后来又把女儿嫁给石守信和王审琦的儿子，把张令铎的女儿嫁给太祖三弟赵光美。

经过一番"猛如虎"的操作后，宋太祖当年执掌兵权的结义兄弟的禁军职务全部被解除，而且从此不再轻易将这些兵权假手他人。石守信虽然保留着"侍卫都指挥使"的头衔，却已没有任何实权。

事实上，宋太祖和赵普消除高级军官的兵权并非像上述这样充满戏剧性，而是充满着政治博弈和政治制度的顶层设计。有人说，赵普是一介书生，不像宋太祖出身将门，又多年为将，对于兵制改革，应该是赵匡胤自己的谋划，而非赵普之议，但从赵普力主解除宿将兵权来看，他对于兵制改革是有充分设想的。后世的史书都明确点出赵普对宋初兵制改革的谋划。

解除石守信等佐命诸将的兵权，在宋初最为急迫。一则是因为宋太祖毕竟出身武将，让他对自己出身的阶层进行改革，他可能一下子接受不了，因此赵普需要花力气说服皇帝；二则这些开国功臣，大多是宋太祖的旧时兄弟，以他们的地位、声望再加上权力，都会对兵制改革横加阻拦，而赵普不厌其烦，反复进言，终于使太祖同意并实行，这是为推行兵制改革扫除障碍的必然之举。所以"杯酒释兵权"只是宋初兵制改革的前奏。

宋初的兵制改革，首先是对武将的制置。早在周世宗时期，他就主持过对兵制进行的改革，但这场改革侧重点在士兵上，就是拣选优秀士兵，增加战斗力。太祖和赵普的兵制改革则更加倾向于武将层面，对将帅也加以管束和限制，可以说是对周世宗时期军队改革的延续和深化。"杯酒释兵权"就是这场军队改革的最突出实例。

五代时期，君主大多利用自己身边的人当上皇帝，可一旦当上皇帝，就会猜疑那些拥立有功的将帅，经常对这些有功之臣加以杀害。远的不说，后周时期的王峻曾经做过枢密使，但把持军政，日益骄纵；王殷，后周建立时担任侍卫亲军都指挥使，但他们在新朝建立后都被郭威处理。宋初这些拥立赵匡胤做皇帝的将领不会不知道"狡兔死，走狗烹"，他们的心里，对效仿郭威而"黄袍加身"的赵匡胤如何对待他们也是有所恐惧和忧虑的。正是在这种背景之下，当宋太祖在酒席上说出不能安枕而卧的原因是害怕诸将也搞黄袍加身的兵变时，这种源自于内心的恐惧使得石守信等佐命将帅大为害怕，乞求太祖给一条生路。宋太祖开出了极为优厚的条件，要诸将释去兵权，各位将帅听到不仅可保性命，而且可保富贵，有优厚的经济利益作为交换条件，所以喜出望外，便纷纷称病，请求解除兵权。太祖遂罢去殿前副都点检高怀德、都指挥使王审琦、侍卫亲军都虞候张令铎、侍卫步军都指挥使罗彦环的职务，分别任命为归德（治所宋州）、忠正（治所寿州）、镇安（治所陈州，今河南淮阳）、彰德（治所相州，今河南安阳）节度使。侍卫亲军都指挥使石守信，也出任天平（治所郓州，今山东东平）节度使，虽未罢职，但也不掌兵权了。建隆三年（962）九月，石守信的空名也解除了。至此，在先前已经解除兵权的慕容延钊、韩令坤、张光翰、赵彦徽之后，石守信等五人也都离开了禁军；禁军中资深的将帅，前后两批共九人，离开了禁军之职，禁军中资深的将帅基本上没有了。宋太祖迈出了兵制改革的第一步。

释兵权前，慕容延钊、石守信等人都是历经战阵的宿将，名位也高。释兵权后担任禁军统帅的人，要么老实听话，要么资历浅而性情暴躁，要么能力就很平庸，要么就是个贪财之人。他们的名位也低，不再有殿前司都副点检和侍卫亲军副都指挥使了。才庸位低也就使得这些掌握兵权的人没有大的野心，也便于皇帝驾驭。这才是"杯酒释兵权"真正想达到的目的。

但是，到乾德元年（963）二月，宋太祖想任用符彦卿来统领禁军，赵普极力反对，多次向宋太祖严肃陈奏这件事不行，因为赵普觉得符彦卿名位已盛,不能够再委以兵权。宋太祖不听,对赵普说:"赵普你怎么回事,怎么老是跟符彦卿过不去呢?我对符彦卿那么好,符彦卿又怎么能辜负我呢?"赵普却反问皇帝:"陛下您怎么就辜负了周世宗!"一句来自灵魂的拷问,使宋太祖默然无语,收回了成命。符彦卿有勇有谋,又善于用兵,而且还是周世宗和太祖之弟赵光义的岳父,是一位名望、地位都很高的宿将,用他典禁军,只能授予殿前都点检或侍卫亲军都指挥使这样的位置。赵普认为这是非常危险的。位高则难于驾驭,加上符彦卿名望已经非常高,这就有了策动兵变的可能,所以赵普不能不极力反对。宋太祖在这方面就不如洞若观火的赵普看得清楚,赵普用太祖背叛周世宗的事实向他敲警钟,太祖也就不能不醒悟了。

从此以后,对于禁军将帅的任用,一直是以才庸无谋、忠实易制为原则。将帅职位还常常空缺不授。史书记载,乾德四年(966)三月,殿前都虞候、因得突发疾病而不能说话的杨义,因为他忠诚老实,仍旧掌军如故。六月,另一位将领王继勋依靠皇帝的恩宠很是放肆,宋太祖就罢免了他的职务,让自己的舅舅杜审琼代替他。九月,这位皇帝舅舅死后,又以不识字的将领党进继掌步军军政。自乾德五年(967)二月,到开宝六年(973)九月,殿前都指挥使这个重要的职务空缺六年多不再授予武将。此外,禁军将帅,尤其是殿前都指挥使,一般不再派其领兵出征。建隆二年(961)至乾德五年(967),担任殿前都指挥使六年时间的韩重赟,干过很多差事,什么修城、修宫殿、修河堤,就是没有干过老本行——领兵出征。而一般将帅,一旦位高望重而又被付以兵权,也常惴惴不安。乾德五年(967)正月，忠武（治所许州，今河南许昌）节度使王全斌率大军平后蜀后驻军成都，就因为古代的将帅皆不能保全自己的功名，于是提出自己生病，不能再行军打仗的请求。

宋太祖时期，对军队统帅和手下士兵之间的交往严加限制，以防他们养成势力。乾德五年（967）二月，有人向宋太祖报告，说殿前都指挥使韩重赟私自让自己的亲兵当心腹，太祖大怒，准备下令诛杀韩重赟，征询赵普意见。赵普对此加以劝解，宋太祖仍怒火不息，赵普再三劝解，太祖才怒火稍减，听从了赵普的话，打消了诛杀韩重赟的念头，却罢免了韩重赟军职，调任彰德（治所相州）节度使。韩重赟可是太祖早年义社兄弟之一，尚且都因为私自养几个人做心腹而几乎被杀，可见对一般将帅的限制肯定是更加严格。

自建隆三年（962）九月以后，禁军将帅中，殿前都点检、副都点检和侍卫亲军马步军都指挥使、副都指挥使、都虞候都不再授予将领们，殿前与侍卫两司统帅地位大为降低。侍卫一司一直没有统帅，都虞候虽然偶尔有人担任，但实际并不统掌侍卫司军政，侍卫马军与侍卫步军各自为政，分裂为两司。于是，禁军便由两司统率变成了三衙分领，三衙之帅，均是都指挥使。三衙的兵力分散，互相制衡，最终使得三司之间无法形成对皇帝威胁的合力。

太祖和赵普的措施，有效地防止了禁军将帅发动兵变的可能，把军权牢牢掌握在中央政府手中，建立了稳固的政权基础。三衙之制和对禁军将帅的严格限制，成为宋代历代延续不改的例行做法而被加以奉行，这是宋太祖和赵普对兵制改革的核心。

二、推兵制改革

宋初的兵制改革，可以说是出自赵普。作为兵制改革的主要负责人，赵普所遵循的一条最重要原则是彼此相互牵制，使兵权不能集中于一个关节和一个人身上，以此来防止兵变发生。

在军队的统率上，宋初实现了兵权的分散。最主要的措施和做法是：将禁军的统率机构变为三衙。三衙本是由两司——侍卫亲军司与殿前司演变而来，自从宋太祖对侍卫亲军副指挥使及都虞候不再任命之后，侍卫马军与侍卫步军各自独立，避免交叉，进而这两个禁军系统与殿前司合称三衙，地位在殿前司之下。再之下设有四厢都指挥使，继续分化三衙统兵首领手中的权力，避免尾大不掉。

三衙的职责是：统领训练禁军，守卫边疆，带领士兵；但兵籍的管理、武官的选授、军队的调拨，尤其是兵符的使用方面，却是由枢密院掌管。这样保证了统兵权与调兵权分开，不至于发生大的叛乱，进而使得宋代多年也没有发生规模比较大的兵变。这种相互制约的统兵调兵机制最重要的作用，就是防止三衙的统帅和调兵的枢密使拥兵自重，进而威胁赵宋朝廷。

兵权的分散还有更绝的，就是每当禁军出征时，皇帝往往另外派遣其他官员作为这支军队的统帅，而不用对这支军队相对更熟悉的三衙将帅。等这支军队打完仗之后，打仗的兵回归三衙，统兵的将领从哪来回哪去，继续自己的本职工作。这样，统兵权又被分离出来，不至于因为统兵的将领和手下士兵长期在一起，滋生出一种固定的隶属关系，进而避免人望过高的将领犯上作乱。在军队的管理上，宋初严"阶级之法"，申明军纪，以便上下相制，兵不至于犯上作乱。

太祖时期的军法还实行阶级法。简单来说，阶级法就是要求军队之中，下一级服从上一级的管理，听从上级的命令与指挥，不得违犯。宋初，严明军纪，要求一切行动听指挥。禁军长吏，则对手下士兵有生杀予夺之权。阶级法不仅防止了军中变乱，而且还有利于用兵，进行对天下的统一战争。

宋初，制兵之法除阶级法外，还采取了一些其他措施。比如严禁军士结社。从北朝末年到五代约四百年间，在社会的各个阶层，都盛行结成义兄弟的风气。前面我们说过，后周太祖郭威没有当皇帝时有十兄弟，宋太祖赵匡胤作为中下级军官时也有义社十兄弟。这种带有结社化即集团化倾向的结义兄弟行为，是对既成权力的重大威胁。宋太祖于开宝四年（971）十一月下令，禁止军民男女结义社，从根本上开始禁绝这延续了四百年的习惯，防止别有用心的人利用这种结社行为对自己的统治不利。

同时，宋初对于禁军严加控制。如对于禁军中的不法分子，给予严惩。在派军出征时，太祖必先申明军纪，严禁暴掠生民，违者以军法从事。在禁军的训练方面，宋初注意选拔、补充和教阅，因此军旅精锐。为加强禁军，宋初继续采用后周淘汰老弱、令其归农的办法。裁汰禁军中的老弱，禁军的战斗力更是大为提高，减少了禁军人数的同时，战斗力却并没有太多降低。

宋初选拔禁军，有两个来源：一是诸州的州兵，二是灭掉的割据政权的兵。宋初，多次派遣使者到各地去选择精兵，凡是才力技艺过人者，都收补入禁军。这个办法就是赵普提出的。通过淘汰、补充、选拔，禁军力量大大加强了，同时重视禁军的训练，禁军逐渐成为朝廷倚重的精锐力量。

为防止禁军士兵骄惰而从事不法之事，提高士兵们吃苦耐劳的能力，宋初为禁军规定、设置了许多军规，比如军人只许穿褐色衣服，不许穿皂色衣服，衣服长不得过膝，红紫之服更不许穿。葱、韭不得入军营，买鱼、肉和酒入军营者有罪。不许赌博。禁军将士，无故不令出班，每班置市买二人。每月给禁军发粮时，营在城西者，必给城东仓之米，营在城东者，即于城西给，这样可以让军队老实听话，不许雇车或人帮助，必须士兵自己背负，负粮两石。制定"更戍法"，禁军少常在京，常分番往缘边及诸路屯驻、驻泊，三年一出。

唐末五代的骄兵废逐主帅，拥立君主，一个重要原因是为了养活父母妻子而追求自己的经济利益。宋初的统治者太祖和赵普等人注意到了这一点，在用军法管束士兵的同时，也注意提高军队福利。

在兵力的配置上，宋初实行了加强中央实权、削弱地方势力的做法。为了避免重蹈唐玄宗时期内轻外重——也就是将大规模的军事力量放到边防，而朝廷和国家的政治中心则只有少量的国防武装的弊端，宋初实行了"内外相维"的策略。简单说起来就是让中央的军队，也就是禁军中最精锐的殿前军驻守在京城，其他军队如侍卫亲军驻扎在各地。这样驻扎在京城的军事力量最强，各地方都知道中央军事实力强大，就不敢造次、铤而走险来造反。宋初禁军约二十万，其中十万驻守京城，十万分屯各地。京城兵强马壮，各地方自知兵力不敌，一般不敢再萌生异心，这就是强化中央集权，而弱化地方的权力。驻屯各地的禁军，主要是侍卫马军和侍卫步军，两军的精锐虽不及主要屯驻京城的殿前军，但相去不远，加上各地的厢兵、蕃兵、乡兵等部队，其数量则要超过京城兵力至少一倍以上。如京城有变，各地军马联合起来，足以抑制京城之变。这样内外相互牵制，而不至于出现外重内轻的地方割据局面。

在军队的统率上，实现了兵权分散；在军队的管理上，严阶级，明军法；在军队的训练方面，注意选拔、补充和教阅；在军队的装备方面，重视器械制造和战马的牧养；在军队兵力的配置上，"强干弱枝""内外相制"，这些就是太祖和赵普在宋初进行的兵制改革的主要内容。

三、强中央集权

在相继消灭了李筠和李重进之后，太祖和赵普就开始谋划大宋朝的长久之计了。围绕如何才能保持宋朝长久这一主题，这对君臣经常开展讨论。有一次，太祖发出终极之问，问道："这个天下从唐朝末年以来，几十年下来，皇帝都换了十个姓氏，到处兵荒马乱，生灵涂炭，这是什么原因呢？我想实现国家的长治久安，改变这种民不聊生的局面，该怎么办呢？"赵普由此提出了自己强化中央集权的重要盘算，他先是恭维了一番宋太祖："陛下能想到这一层，真是国家和老百姓的福分。唐末以来，战乱不息、国家动荡，没有别的原因，是藩镇节度使的权力太大了，而且皇帝的权力小、臣下的权力大。今天面对这样的局面，没有什么其他的好办法，只有削除他们的权力,控制他们的钱粮,收走他们的精兵,天下自然就安定了。"这就是赵普提出"三大纲领"的著名谈话。

宋初的最高统治者,从皇帝到宰辅大臣,都想长治久安,希望自己的皇朝能够出现太平盛世景象。太祖除了与赵普常常讨论治国大计外,还广泛征求他的意见。对唐末五代乱因的分析,对于为患二百年之久的藩镇之患的消除办法,赵普的论述可谓最为透彻和精辟,所提措施也最切中时弊。太祖基本是按赵普的办法,去矫正五代之弊,加强中央集权的。

赵普提到的皇帝的权力小、臣下的权力大现象,道出了藩镇割据的原因,这具体是指中央集权不够,而臣下就会离心离德。赵普的办法,就是这很重要的三条:削除他们的权力;控制他们的钱粮;收走他们的精兵。这三条看问题很中肯,抓住了问题的关键,可谓字字珠玑。实施这三个办法以后,藩镇基本权力已经丧失,节度使无割据之基础,"君弱臣强"的局面得到完全改观。

这三项举措正是切中了中唐以来藩镇割据的要害。中唐以后,节度使坐拥地方兵权、财权,拥兵自重的同时,地方财政赋税很少上交中央,多为节度使自己截留使用。掌握地方兵权、财权的节度使们拥有经济实力,进而养活大批军队,兵强马壮者便得以吞并他镇,反之则易为人吞并,所以都极力保持一支强大的军队,并不断扩大,自然就有了叫板中央的底气。

五代时期,中央军力强大,形成可以压倒藩镇的兵力,禁军已成为唯一可以左右时局的力量,离开了禁军,中央与藩镇的对抗难免归于失败。所以,藩帅虽因武夫得志,骄横不法的心气儿没有丝毫减少,但力量衰弱,已不足以与中央抗衡，对于中央政权的更替，已经不起决定作用了。因而禁军成为心腹之患，而藩镇只是肢体之患。由于有了这样的基础，五代各朝在削弱藩镇上，都程度不同地做出了贡献。在五代时期，各代的君主想到的削弱藩镇的主要措施有：

军队屯戍措施。禁军进驻地方，藩镇所属的军队遣屯外镇，形成禁军、藩镇兵同驻一地，一军分屯数地的情况，这样不利于他们形成合力，避免集中惹事儿。

由各个藩镇选派募集能征善战的人。这在五代时期后唐末帝李从珂和周世宗为改变自身所处的不利局面时都实行过。

对强悍的藩镇进行移动藩镇驻地，也就是将强势的藩镇从他的老窝调虎离山。藩镇调动频繁，长则四五年，一般一两年，短的可能就几个月，实际上是避免藩镇长时间在一个地方屯扎后，形成地方割据的有利土壤。将藩镇占据比较大的地盘慢慢剥离，把藩镇的支郡直接隶属于中央，压缩强藩的物理生存空间。

逐渐剥夺藩镇的地方用人权。举荐用人及州县行政方面，限制了藩镇举荐州县官的人数，对藩镇举荐奏辟主要幕僚的权力作了限制；同时采取相应措施，提高州县官地位，明确其职权，使其不再隶属于当地的藩镇。

在藩镇所属的地方征收两税，收回地方上的财权。避免藩镇利用地方的财政赋税形成割据的经济基础。

经过这一系列削藩制置，藩镇被削弱了，到周世宗整军经武以后，藩镇已经基本上没有力量来对抗中央了。这时，削夺藩镇的时机已经成熟。

周世宗在位六年，致力于统一事业，对于藩镇这肢体之患，还没有来得及着手消除。

到了宋代初年，统治者们不能继续容忍藩镇的嚣张，便开始着手消除藩镇之患。宋初的统治者们总结了前代统治者削藩的经验教训，作为宋初统治集团中的谋略之士、太祖的主要辅臣，赵普便提出了刚刚提到的三大纲领来消除藩镇之患。

"削夺其权。"先是收回节度使对属下的生杀予夺之权；然后以常参官做节度州直属县的知县，以文臣为支郡的知州；又设通判，行州府之政，分节度之权；有些州县，干脆命令直属中央管辖。

早在北宋刚刚建国的建隆元年（960）十月，就下令，把原来由将吏担任的两京军巡及诸州马步判官，改用文人，由吏部流内铨注拟选人。

建隆三年（962）三月，下达录案闻奏令，节度使不能再对属下施行死刑的处罚，改由中央的刑部进行处理。太祖下令时，对手下大臣说："五代时期的藩镇太过跋扈，大多是不按照法律就杀人，朝廷不管不问，这样刑部就几乎没用了。况且人命大于天，这样姑息藩镇就不好了！"从此以后，生杀大权就开始出自中央了。到了开宝三年（970），再次重申上面这个命令，更详细地规定了报告的格式、内容。

乾德三年（965）七月，宋朝廷下令各个州的司法官吏一同断狱。经过一番布置，一般案件的审理权也被中央掌握了，节度使的司法权没有了。

五代时，节度使把自己的亲随派到县里做镇将，与县令抗礼，凡是公事，都直接报告到州里，县里的官吏失去了职掌。建隆三年（962）十二月,按照赵普的建议,宋太祖在诸县设置一员县尉,任命初赐第的人担任,地位在县主簿之下,俸禄则与主簿相同。盗贼、斗讼等事,以前由镇将掌管,现在都交县令和县尉掌管。镇将的权力便不出城廓了。

乾德二年(964)三月,宋朝廷又下令,节度使幕府中不许召署幕职,幕职人员都由中央铨授。到七月,下令藩镇不许用初任官职的人做掌书记,必须是历经两任并且有文学才能的人,才许奏辟。乾德三年(965)和四年(966)接连下诏防止节度使任用幕僚等并利用这种手段达到长期在一地的目的,发展其势力。到开宝四年(971)正月,下令诸道州官吏有缺时,马上闻奏,由中央选派。在此以前所派的摄官统统罢免。采取以上措施后,节度使任命自己幕府下官吏的大权大都被削夺,连幕府中也是中央选派的人了。

乾德元年(963)六月,因为符彦卿任天雄军节度使,长期镇守大名(今河北大名),专恣不法,属邑颇不治,于是特地选派了一批精明强干的人去做知县,从此以后,便开始用常参官当知县了。派常参官做知县,知县的地位大为提高,自恃是中央官吏,便与节度使分庭抗礼。最著名的事例就是,有一位担任右赞善大夫的周渭到任永济县,符彦卿到城郊迎接他到任。周渭面对这位前朝国丈、本朝勋贵却连马也不下,只在马上作揖,到了公馆后,才和符彦卿相见,平礼相待,不肯作为下属。永济县内有人杀伤人逃走了,周渭捕获后,宣布其罪状,处以死刑,也不送到节度使府上,符彦卿对此也毫无办法。这是知县和节度使之间在宋代关系发生改变的典型实例。

第四章 削除藩镇与解除隐患

乾德元年（963）四月，湖南平定以后，命令原属湖南的潭、朗等州直属京师，这是为不在新平定地区设置节度使而采取的新办法，防止在这些刚平定的地区再形成藩镇。从此以后，西北和川峡的一些州县，也逐步直属中央管辖。乾德二年（964），阶、成二州直接隶属于中央。乾德五年（967）二月，庆州直隶京师；三月，商州直隶京师；五月，兴元府三泉县因大县屯兵，直隶京师。开宝二年（969）十月，归、峡二州直隶京师。开宝三年（970）三月，泽州直隶京师；五月，通远军直隶京师。随着一大批原属于支郡的地方直接隶属于京师，节度使管辖属州之外的支郡的权力也被剥夺。

通判的设置，也是加强对地方控制的重要人事设置。这个通判，既不是知州的副职，也不是属官，而是派京官去担任，实际是监视知州，掌握大权。后来，知州和通判能够互相牵制，不致有一方独揽大权。而后通判一职亦逐渐从川、湖地区推向全国，各州依事务的繁简不同，设置了一到两位通判。开宝四年（971）正月，在诸州府专门设置了形势（即有势力人家）版簿，命令通判专门掌管其租税。此后，通判的主要任务是掌管一州的财政，同时也带有监视知州的任务。

通过以上各种措施，节度使的行政权力已被削夺殆尽。

"制其钱谷。"宋初的主要措施是：设转运使掌一路之财，由通判掌一州之财，取消留使、留州的名目，各州的财政盈余全部运往京师。

财政的掠夺是非常重要的，一可改善中央财政状况，二可防止节度使豢养心腹、收买军队。收夺财权，也是从符彦卿身上开始的。五代时期，藩镇派亲信小吏掌管租税收入，概量增溢，公取余羡。符彦卿在天雄军用这种办法盘剥民众特别厉害。太祖知道后，于建隆三年（962）派遣常参官去天雄军主管租税之事。到乾德二年（964）赵普为相后，便开始大规模收夺节度使的财权了。话说宋太祖刚当皇帝时，节度使来朝见都向皇帝贡奉。赵普为相后，力劝太祖革去这个弊病。于是在乾德二年，第一次命令各州，每年的民租和榷酤之课，除了留下州里的支度给用以外，缗帛之类全部送到京师，各州不许占留；官府没有牛车运送的，就租老百姓的充用。乾德三年（965）三月，再次命令各州，除度支经费外，凡是金帛之类，全部要送到京师，作为军费，不许占留。五月，派遣常参官十八人分往诸道收民租，不由州县官吏过问。同年，开始设置转运使；九月，以度支郎中苏晓为淮南转运使，掌淮南路财赋收入。

宋初把地方的财政收归中央以后，地方上不再有掌握财权的节镇大僚，因而也就没有了赏赐将士的权力和能力，无法用发财的办法鼓动士兵们闹事。这样，即使发生兵变，也不会和各方面大僚相结合，"自择留后"，而只会直接反对朝廷。因此，更戍或就粮的禁军不会变成割据力量。藩镇割据的社会基础消除了。

"收其精兵。"宋初通过选拔精兵到禁军，使藩镇自知兵力不是中央的对手，不敢萌生异念。各地尚能作战的厢军，又经常被抽调参加统一战争和服各种差役。厢军一般不进行训练，战斗力越来越弱。节度使拥兵自重的可能性没有了。

建隆、乾德年间三大纲领的实施，使节度使的权力基本被削夺，藩镇之患也就基本消除了。同时，早从建隆元年（960）建国不久开始，根据赵普的建议，就用文臣来代替了武臣。有一次太祖曾经问计于赵普，赵普给宋太祖建议，就是这些州郡长官每三年一换，这样就避免了长期担任地方官造成地方实力派的形成。太祖便按赵普的建议去做了。对于武臣，"或因其卒，或因其迁徙致仕，或因其遥领他职"，总之，在藩镇有缺的时候，便多任命京官权知。而京官则毫无例外地都是文臣。后来平定南方各国以后，也都用文臣权知州府事。为提高文臣知州的权威，他们往往带着中枢职衔出知州事。这种不罢中枢政事而去地方权知州府的情况，在太祖以后的北宋各朝，似乎再没有了。这在当时就是为了增加知州的权威，进而加强中央集权。

有这样几个实例：

建隆元年（960）七月，当时成德节度使郭崇入朝，命宣徽南院使昝居润权知镇州。十一月，平定李重进的反抗后，以宣徽北院使李处耘权知扬州。宣徽南、北院使，是地位相当于执政的高官，有职掌，昝、李二人到了地方，却没有罢职。第二年（961）七月，召李处耘自扬州还朝，命内客省使王赞权知扬州军府事。建隆三年（962）六月，吴廷祚罢枢密使，被任命为雄武节度使，知秦州。吴廷祚是文臣。乾德元年（963）正月，命太常卿边光范权知襄州。平定荆湖以后，三月，命户部侍郎吕余庆权知潭州。四月，命枢密直学士、户部侍郎薛居正权知朗州。五月，凤翔节度使王景死后，命枢密直学士、尚书左丞高防权知凤翔府。六月，命枢密承旨王仁赡权知荆南军府事。枢密直学士一职，自赵普在宋初首任以后，简直就成了执政的后备干部之选；而枢密承旨也是枢密院有实权的职位。乾德二年（964）六月，以左羽林军大将军杜审进权知陕州，命殿中侍御史阎丕通判州事。

乾德三年（965）平蜀后，二月，命参知政事吕余庆权知成都府，不罢政事；枢密直学士冯瓒权知梓州。后来，又以枢密直学士赵逢权知阆州。开宝元年（968）正月，吕余庆自成都回朝，又以兵部侍郎刘熙古为端明殿学士，权知成都府。六月，以右补阙辛仲甫权知彭州。

由于在建隆、乾德年间实施了三大纲领，节度使的权力所剩无几。开宝以后，罢免身为武将的节度使，代之以文臣，就易如反掌了。

开宝二年（969）正月，天雄军节度使符彦卿等十二位节度使到京师朝见太祖。二月，征伐北汉时，命户部员外郎、知制诰王祐权知潞州。七月，将符彦卿由天雄军节度使调任凤翔节度使。八月，以户部员外郎、知制诰王祐权知大名府（即天雄军）。十月，一举罢去在五代时已为节度使、资历比太祖还深的五位节度使：安远节度使兼中书令武行德为太子太傅，护国节度使郭从义为左金吾卫上将军，凤翔节度使兼中书令王彦超为太子太师，定国节度使白重赞为左千牛上将军，保大节度使杨廷璋为右千牛上将军。这些节度使被罢免后，所授职均是散官，并无职掌；官至中书令的武行德和王彦超，也不过才任东宫官。这些老资格节度使的位望被大大压低了。这都是赵普之谋。

宋初实施三大纲领，以文臣知州，消除了藩镇割据的基础，仍然做节度使并握有一定权力的开国功臣们也大大收敛，不再桀骜不驯、难于驾驭了。这样，武臣的地位大为降低，逐渐发展为重文轻武、武臣受压抑的局面。在后代被看作的矫枉过正，恰恰正代表当时采取措施时的决绝。

我们可以看到，赵普帮助宋太祖消除天下分裂的根源就是消灭藩镇势力存在的基础，而这些都是建立在宋朝逐渐兼并地方割据势力进而釜底抽薪的基础之上做到的，那宋朝统一是怎么实现的呢？实现统一的过程也是赵普人生的高光时刻之一，具体请看下一章"先南后北与统一大业"。

第五章

◎

先南后北与统一大业

我们知道赵普生逢乱世,早年间也曾颠沛流离,跟着家里从老家幽州先到真定,再到洛阳。之后宦游秦陇、淮南。可以说是用自己的亲身经历感受到了国家分裂带给老百姓的痛苦。所以赵普一直以天下为己任,施展自己的政治抱负,匡扶圣主,想进而实现天下一统的局面。而他所处的时代,给了他施展能力,完成理想的可能。

一、战略提出

赵宋政权建立的时候,天下分崩离析,当时的天下还存在着一堆割据政权。它们包括:北方有在山西北部的北汉,南方有盘踞长江中下游的南唐、割据两浙的钱塘江流域的吴越、盘踞现在两广地区的南汉、取代马氏势力而继续割据湖南的周氏政权、尽管不大但地处南北通衢的南平(荆南)以及夺占两川的后蜀等割据政权。同时,最为强悍的是仍然占据燕云一带、控制长城以北广大地区的契丹（辽）政权，这更是赵宋政权的劲敌，严重威胁着北部边境的安全。消灭割据、统一全国的历史使命，摆在赵宋统治者面前。

五代以来，随着南北之间的经济联系进一步加强，中原地区常有商人到南方的吴越、南唐、楚（湖南）等国购买茶叶，运回中原销售。吴越和闽的商人从海路到登州（今山东蓬莱）和莱州（今山东莱州）登陆，与中原做生意。湖南在楚王马殷统治期间，不征收商税，四方商贾辐凑，楚政权迅速富裕起来。马殷还派人在开封等处设立一个机构叫"回图务"，担任这个职务的人大多拥有军将职衔，他们从湖南运茶到中原，交易缯纩战马，岁收几十万两白银，使得国用充足。这是南北经济交流的一个典型例证。南北经济交流的发展，使开封和南京（今河南商丘）成为繁华的商业都市。

开封的商业繁荣情况，说明以开封为中心的商业网已经形成。这样的经济形势，使割据不能再长久持续下去，而统一则成为大势所趋。黄巢起义以来，人民受战乱之苦最深，要求统一的愿望特别强烈，拥护和支持统一事业。在当时的历史条件下，人民也只能把统一的希望寄托在比较开明的帝王身上。属于统治阶级的帝王、将帅、地主、商人等，从保持和扩大自己的地位和势力出发，也都强烈希望统一能够实现。

正所谓天下大势"合久必分，分久必合"，否定割据、要求统一的呼声日益高涨，使各割据小国的君臣们也都感觉到，割据局面不能再维持下去了。现在我们看宋朝初年的笔记史料记载，都蕴藏着一些对宋朝统一的美化，但这些美化和吹捧反映的正是对天下一统的渴求，正反映出统一已是大势所趋和人心所向，成为不可阻挡的历史潮流。

在晚唐大分裂之后，到907年，朱全忠建立后梁政权开始，中原地区新的政权中心已经形成，割据局面开始呈现出走向统一的趋势。当时除盘踞太原的李克用、凤翔的李茂贞、淮南的杨渥、西川的王建以外，其他藩镇都以中原的后梁王朝为正统。而到李存勖灭梁后，中国北部已基本统一。而随着中央不断加强自身禁军实力，五代后期各个政权虽有时候陷入自相残杀的纷争中，但对统一的要求和想法也是日趋强烈。到了后周时期，尤其是经过周世宗的改革，政治和经济上都出现了一派新气象。赵宋政权继承了周世宗经营的成果，拥有一百一十一州的版图和九十六万户的人民，大大超过了当时割据南北的各个小国；经过周世宗选练的禁军，士卒精强，屡战屡胜，东征西讨几乎无往不利。但可惜周世宗天不假年，仅仅39岁就撒手人寰，将这份统一的大事业留给了自己的臣子——赵匡胤。宋太祖及其一班战将，能征惯战、久经战阵的同时还运筹帷幄、足智多谋。因此，统一的希望和重任，自然就落在了赵宋政权身上。这是赵宋政权得以基本实现统一的历史条件。而当时历史发展的趋势和要求，则是赵宋实现统一的根本原因，当时的关键问题在于用什么样的策略来实现统一。

宋初，要完成统一大业，有两种选择：一是先南后北，即先消灭南方各国，再回兵向北，灭北汉，进而去收复被石敬瑭进献给契丹的燕云十六州。一是先北后南，即挥兵北上，先收复燕云，拒契丹于长城以外，再回兵南下，消灭南方各国。太祖和赵普在选择统一战略时，参考和借鉴了后周大臣王朴的统一计划，我们就先从后周王朴的统一计划开始说起。

第五章 先南后北与统一大业

周世宗即位不久，让大臣们讨论统一之策。深受周世宗信任的王朴在显德二年（955）四月上书，建议实行先南后北的统一计划。王朴建议，从容易的入手，先易后难。具体步骤是：先取江南（南唐），再下岭南（南汉）、巴蜀（后蜀）。这样，等南方被平定之后，再移兵攻燕云，最后以强兵制伏北汉。周世宗看后很赏识王朴，觉得这种统一策略非常符合他的想法，就决定采用他的统一计划。但在实际执行过程中，周世宗并没有能够完全按照王朴的建议去做。周世宗先攻后蜀，再攻南唐，是依照王朴之言去做的；收取淮南十四州后，即北上攻取关南之地，与王朴之言不合，其原因是契丹时时窥测后周边境，出兵南下，使北方形势紧张，其使周世宗采取的统一策略，根据形势的变化而不得不改变计划。虽然这中间出了不少变数，但无论如何，作为周世宗最为倚重的股肱大臣，王朴及其统一策略得到了宋初君臣的继续贯彻。王朴提出的统一计划就是著名的《平边策》，这一计划受到周世宗的重视和采用，也就不能不给宋初君臣以很大影响，这也是赵普提出自己统一策略的基本蓝本。

宋朝刚刚建立不久，建隆元年（960）八月，忠武节度使兼侍中张永德徙武胜节度使，到京师朝见。当时，太祖刚平定李筠的叛乱，李筠统治的区域北边就是已经割据二三十年的刘崇的儿子刘钧，宋太祖打算乘胜进攻北汉，因此私下向张永德征求意见。张永德还算清醒，就说："太原的兵力虽然少，却很能打，再加上他们有契丹作为外援，不可以仓促发动对他们的进攻。我认为可以每年多设立一些游兵，对北汉时时骚扰，干扰他们的农业生产，同时派遣间谍到契丹，先断了他们的援助，然后再对付北汉。"

宋太祖听了以后觉得这招好使，接着，九月李重进反，攻打北汉的事情暂时被搁置下来。

当年十一月，在平定李重进的反抗之后，宋太祖再次想到怎么统一这个终极的问题。话说这年冬天，天下着大雪，太祖约着自己的弟弟殿前都虞候赵光义来到了赵普家。君臣三人席地而坐，用烧红的火炭烤肉吃。赵普的妻子和氏行酒，太祖称呼和氏为嫂嫂。赵普问太祖，天气寒冷，晚上更冷，皇上您怎么不在宫里待着，跑出来干啥？宋太祖说，我睡不着啊。除了床榻之外，其他都是别人的地盘，因此跑到你家里来。赵普说，皇上这是小看天下了。但现在正是南征北伐的好时候，微臣愿意听听皇上统一天下的打算。宋太祖就试探性地跟赵普说，我想收回太原。赵普听了不做声，过了很长时间说，这不是我能知道的。太祖追问他为什么这样说，赵普回答，太原北汉势力当西北二边，即便是一举拿下，那边疆的祸患我们就得自己承担了，为什么不暂时留着他们，等我们把南方的国家都灭掉之后呢？他们就是弹丸小国，也不会跑掉的。宋太祖笑着说，这也是我的考虑。于是，决定了先南后北的战略。这就是有名的"雪夜访普"的故事。

决定采取先南后北统一战略的原因及其具体步骤，宋太祖对赵光义说的一段话，正好给出了答案。太祖说："中国自五代以来，连年征战，国库里也没什么钱，一定要先攻取西川，然后是湖南和江南国，这样国家就有钱了。现在国家的劲敌，只有一个契丹，自从后晋开运年间（944—946），契丹越发轻视中原政权，河东北汉势力与契丹接境，如果攻打下来北汉，则契丹的祸患需要我们好好应付，不太容易。不如先留着他们北汉，作为我们的屏障，等我富实再去攻打。"

赵光义曾在场听过太祖与赵普讨论统一战略，太祖的这段话，是对赵光义的一番解释和说明。从这段话可以看出，太祖和赵普决定采取先南后北的统一战略，有两个原因：一个是经济原因，一个是实力原因。

太祖的话里没有提到燕云，并不是忘记了或有意不提，而是把收复燕云放在了平定北汉以后。在太祖时期，对于收复燕云，一直是在积极准备的。比如乾德元年（963）闰十二月，有一个军官进献给太祖一幅阵图，说是可以攻打幽州，太祖听了很高兴，"赐以锦袍、银带，钱十万"。太祖时期设置封桩库，贮积钱帛，就是为了攻取燕云。最典型的事例是开宝九年（976）——也就是太祖死的那一年，正月二十六，晋王赵光义率群臣上表，请加尊号曰：应天广运一统太平圣文神武明道至德仁孝皇帝。宋太祖以汾晋未平，燕蓟未复，不想称"一统太平"，就下诏说不同意这么给自己加尊号。于此可见，太祖直到其临终的那一年，也没有忘记收复燕云，而且把收复燕云放在平定北汉以后，毕竟那里是宋朝皇帝的祖籍所在。积极准备攻取而又暂时不提燕云，是因为当时的力量不足以对抗契丹，所以把收复燕云放到消灭北汉以后去了。

张永德建议先搁置北汉继而疲敌的做法，是一条可行之法，太祖虽然很赞成，但仍对北汉不甘心。赵普雪夜之言，才定下了先南后北的统一战略。这个"雪夜访普"的故事在明代还被描绘成一幅画，现收藏于北京故宫博物院，大家有机会可以去看看。

二、先南后北

经过一番商讨和内心的抉择，宋太祖最终在赵普的帮助下确定了先南后北的统一战略，也就是对北方的契丹和北汉采取了守御态势，而对南方相对富足的割据政权，则采取各个击破的办法。用了十余年的时间，通过宋太祖、宋太宗兄弟二人的努力才最终完成。

为保证北部和西北边境的安全，宋太祖分别委派多位将领做好对西北、契丹的防守，并做好防御北汉的人事安排。这种方式在太祖时期一直保证了北部和西北边境的安全，使南征没有后顾之忧。

在向南用兵的过程中，太祖和赵普并没有拘泥于已定的战略计划，而是根据实际情况的变化，作以适当的调整。

建隆三年（962）十月，割据湖南的武平节度使周行逢去世，年仅11岁的其子周保权继位，就此，周氏手下大将张文表起兵反抗，湖南陷入内乱，刚刚掌权的周保权向赵宋朝廷求援。十一月，荆南节度使高保勖也死去了，其侄高继冲继位。荆南是十国政权中最为弱小的政权。经过慎重考虑，宋太祖决定采取出兵湖南，并借道荆南的一石二鸟的办法。到乾德元年（963）正月，派遣慕容延钊和李处耘两位大将假道荆南，宣称要去讨伐张文表。结果，高继冲投降，周保权被擒，三个月不到就完全平定了荆湖两地。

乾德二年（964），太祖得到后蜀政权准备约北汉共同举兵攻打宋朝的文书，就于当年十一月派王全斌等人率领大军进攻后蜀。只花费了66天的时间，宋军击败后蜀军，到第二年（965）后蜀皇帝孟昶正式投降。

就在宋廷攻打后蜀的同一年（964）九月，太祖派丁德裕与潘美、尹崇珂等攻下了当时属于南汉的郴州。到开宝三年（970）九月，太祖命令宋军从湖南进攻南汉，并于第二年（971）二月，迫使南汉国主刘鋹投降，南汉平定。

经过后周时期周世宗亲自率军对南唐的三次攻打，南唐已经被中原政权打服了。到宋朝建立后，南唐也换了一位皇帝叫李煜，他就是历史上有名的李后主。话说李后主为了保住南唐小朝廷，用了各种手法，以求能延长割据政权的时间。由此，太祖为了完成统一大业，说出了那句著名的"卧榻之侧，岂容他人鼾睡耶"，赵普将南唐给自己送银的事报告了太祖，被获准收下，而统一的进程，照样进行。太祖与赵普商议收取江南，赵普推荐了曹彬、潘美可用。到开宝七年（974）九月准备就绪后，太祖假借要李煜入朝、而李煜称病不同意前往的机会，出兵下江南。虽然这个时间，赵普已经被罢免了宰相职务，但宋太祖仍然派曹彬、潘美率军下江南。开宝八年（975），宋军接连击破江南军，并约好吴越钱俶也出兵夹击江南，到十一月，终于攻破江南都城金陵，俘获李煜。因为花了一年的时间才灭掉江南国，所以太祖给了李煜一个封号——违命侯，并拜李煜做左（一说右）千牛卫将军。

在平定荆湖和后蜀过程中，太祖一度又反复地想先平定北汉，先后在开宝元年（968）八月和二年（969）二月，两次出兵进攻北汉。开宝二年，太祖和赵普还亲自出马，围攻太原达两月之久。到开宝八年（975），南汉和南唐均已平定，吴越和漳泉已俯首听命，成为囊中之物。于是，太祖在开宝九年（976）八月，又命令几员大将率兵分五道进攻太原。但是契丹又出兵援救北汉。直到十月，太祖突然去世，于是罢兵还师。太祖时期，终于没有能够平定北汉，但北汉屡经攻打，大量民众被宋军迁走，力量大大削弱，灭亡已是迟早的事情了。

南方平定以后，赵宋政权的版图大为扩展，物质财富也大大增加。这些物资，大大充实了赵宋政权的府库。

在平定南方的战斗过程中，太祖和赵普的战略指导是得宜的，这与赵普的运筹帷幄、精心策划是分不开的。这主要表现在以下几个方面：

平定各国的次序得当。首先充分利用矛盾，一举消灭了荆南和湖南周氏两个政权，采取中间突破的策略，使得分处长江下游的南唐与上游的后蜀被从中隔断，不能互通消息。从弱到强，消灭南汉以后，面对最强大的南唐就形成了三面包围，再加上已经完全听命于宋朝的吴越，南唐便处于赵宋政权的四面包围之中。对南唐的碾压之势已经形成，灭亡南唐只是迟早的事。

尽量少地干扰百姓，消除苛政。在平定各国的过程中，废除了各政权的一些苛捐杂税，以示恩惠，进而争取民心。进攻巴蜀时，宋太祖虽然叮嘱手下将领不要扰民，但后来还是发生了大规模的兵变，随后严厉处置了对手下过分放纵的王全斌，奖赏军纪较好的曹彬等人。到进攻江南时，又任用曹彬，进而叮嘱曹彬对杀戮要十分谨慎。正因为如此，宋军在平定各国时，大都没有遇到大的反抗，除南唐以外，大多几个月就结束战斗。

平定各国以后，后续处理措施比较得当。宋朝中央收编它们的精兵充入禁军，其余的也妥善安置，避免各国残余势力拥兵反抗的同时，又增加了农业劳动力，有助于当地发展生产。

同时，宋朝优待降俘及各国的统治者，地方官吏大都留任，争取了各国统治集团的合作与归顺。比如，乾德元年（963）四月，平定荆湖后，管内文武官吏依旧，立功者优其生。对于反抗破坏者，予以严惩，如诛杀放火烧毁宫殿财物的南汉大臣龚澄枢。消除了为患唐朝后期一百多年的大害——宦官之祸（这其中尤其以南汉最多），受到一般士大夫的热烈欢迎。

作战之前，准备相对充分，布置比较周密。兵器、铠甲、弓弩等一应军事物资，都是在征伐之前由宋太祖亲自过问的。另外，特别重视侦察工作，其实宋太祖自己早在后周时期就曾去过后蜀侦察，这或许养成了宋太祖征伐之前先派人了解情况的习惯。比如提前派人了解荆南的情况，派人了解和侦察各国的地形险隘情况；进攻江南以前，更是先在开封训练了水军。正因为谋虑周到，谋定而后动，所以能够马到成功。

三、先北后南？

在先后消灭南方各个割据政权的同时，其实宋太祖和赵普并没有完全忘记自己是幽州祖籍的客观事实。北汉相对势力弱小，北伐真正的对手是更为强悍的契丹。尤其是在后周时期周世宗也是在南征无往不利的前提下，想到收回被石敬瑭敬献给自己"父亲"耶律德光的燕云十六州。而且周世宗北伐开始也是顺利的，没有继续进行下去，是因为周世宗生病，所以有人就说，如果不是周世宗生病，就会成功拿下陷入敌手的燕云十六州。在这个基础上，可能先北后南才是宋太祖和赵普更好的统一战略。事实上这都是所谓建立在"假设"基础上的。而这一假设的基础是当时是"睡王"耶律璟当朝，那时后周及其后继者北宋应该可以与辽一战，也就是说与那时的辽朝相比后周和北宋实力更强。其实现在看起来，这种说法是夸大了周世宗北伐的胜利，而没有看到周世宗退兵的真正原因，这种说法的另外一个错误的地方就在于不能正确评价宋初统一战略。

为此，先得明白两个历史记载的基本问题。第一点，我们知道，任何的历史记载都难免会烙下记载者本身对一件事情的判断。就拿从后周到宋初对统一战略的认识来说，有些人站在后世契丹（辽）对北宋的巨大威胁的角度上来说，应该趁着当时契丹政局不稳，先北伐后南征，从难到易，这样虽然开始困难点儿，也不至于到了宋太宗时期去攻打北汉和契丹，招致惨败。这里面有一个基本的问题，就是站在后世发展的视角上来理解宋代当时执政者的决策可能有失偏颇。

还有一点必须要注意的是，宋人在记载自己对外战争方面一向比较浮夸，尤其在有关宋辽关系的记载中，往往把本朝这一方写得多么强大，而把契丹写得多么不堪一击，输了就粉饰太平，赢了就夸上了天。宋代后周而立，宋太祖早年又是周世宗的手下大将，对后周与辽关系的记载也是用了这样的手法来记载。我们现在来看后周和北宋初期对契丹的战斗，也不能仅仅光看宋朝人的记载。也就是说，《辽史》的记载比宋人的记载可信得多。而仅仅看宋人自己的一面之词，就有可能带来一些不必要的误会。

其实，即便是在周世宗时期，辽国更强也已经是基本的事实了。周世宗整军前，禁军连对抗北汉都有临阵脱逃者，或许还不能反映当时中原政权打不过契丹。但到了宋初，在同北汉的战斗中，宋军也时不时会被北汉打败。宋军尚不能战北汉军而胜之，更不用说比北汉军还要强大的辽军。这时的军队，已是周世宗整军后的精锐部队了。因此，后周末宋初之际，军队的战斗力是不如辽军的。

因此，我们要看到周世宗显德六年（959）的北伐能够获胜，一方面确实是高平之战以后，后周禁军经过整军，战斗力已有较大提高，周世宗积极有为，这都是重要原因。但是更要看到，在关南之地，契丹一方并没有认真部署军队驻守，后周军一到幽州，大多数契丹占据的地方就投降了，只有易州（今河北易县）是攻下来的，这是后周能迅速推进的最主要原因。从辽方的本意来说，他们是固守待援，先固守城高池深、易守难攻的南京（幽州，即现在的北京），消耗后周军的有生力量和耐心，等待自己后援大军到来，再同后周进行决战。这从后来太平兴国四年（979）宋太宗亲自率军北征，辽方也采取固守南京的办法是如出一辙的。同时，周世宗北征遇到的契丹守将萧思温不是以军事才能著称，而更多的是沾了自己女儿是皇后的光。作为皇后的父亲，他的能力尤其是军事能力也就是一般，甚至于在后周军队的进攻面前，他都害怕与后周打仗而不敢出兵，也只好集中兵力据守南京（也就是现在的北京，当时是辽国的南京）了。

由此，周世宗在北伐契丹时，感觉上进展神速，一路势如破竹，迅速夺取了关南之地。但在后周军夺取关南、进围南京之后，契丹对后周的攻势也越发重视起来，皇帝辽穆宗亲率大军前来支援，到达南京幽州地界，并击败了后周的前军两千余人，夺回容城县。同时，辽方又派遣使者去联络北汉，企图让北汉发兵去袭扰后周的边境，可见契丹重视后周军队后，整个战场形势是在慢慢发生变化的。这时候，后周军队面对辽军主力部队，又担心身后北汉部队的骚扰，所以周世宗在收复关南以后，在同诸位将领商议攻打幽州的时候，诸将就提出，契丹的骑兵已经到达幽州北边，不便再继续深入了。将这些意见看作是后周各位将领怯战，似乎就不对了，实在是基于后周与契丹实力之间的差距做出的正确判断。

周世宗最终撤兵南归，同时，留大将，统重兵，镇守三关，也确实考虑到了这一点。再加上自身生病，不能够上阵指挥作战。这样做，既保证对新占领的三关加强防守，更是便于以后有机会再次北伐时以此为北部边防线继续向前推进，进而收复燕云，对过了华北平原后到京城开封增加了防守纵深；同时又避免在幽州坚固城防之下，尤其是与辽军主力决战万一失败陷己方于不利的状态，这也正是周世宗高明之处。恰逢契丹正当"睡王"穆宗时期，后周军退兵后，契丹也见好就收，同样班师回朝了。因此，后周军得以安稳地收复了关南之地。如果说周世宗只是因为生病才退兵，燕云因此没有收复，实际上是夸大了后周军本身的战斗力，没有看到周世宗退兵的真正原因，进而夸大周世宗北征的胜利，过高地估计后周的军力了。

宋初，内部的稳定不及周世宗时期，毕竟赵匡胤夺取政权，事实上用了一招以小博大的计谋，为了巩固自身统治，宋太祖自然不敢像周世宗那样倾巢而动、北伐契丹；而且北宋当时在没有收复南方各个政权的前提下，自身军力、物力还没有充分恢复，其实力自然不足以击败辽军，想要先夺回燕云之地，进而威慑契丹，再去统一南方实际上有点儿难做。最尴尬的是，万一北伐契丹失利，北汉再借机南下，而其他政权对宋朝群起而攻之，那可真是不好收场了。况且，宋太祖曾随周世宗参加过对契丹的北伐，他应该清楚自身实力对契丹胜算几何。在这种情况下，采取先南后北、先易后难，先消灭散处南方而力量弱小的各国，增强实力，免除后顾之忧，然后再去经营北方，是一种切实可行的、使北方立于不败之地的万全战略计划。而先取北汉，包围燕云，也不是失策。实行先南后北的统一战略，结果是统一了南方，进而基本统一了全国。如果先北后南，在宋初即北进与辽决战，失败了真有可能万劫不复。并且，有一点是肯定的，宋初统一的进展必然又要推迟若干年。

在统一天下的过程中，如何统治这个疆域越发广大的帝国，时时提醒着宋初统治者去思考。这不但要求有成熟的用人思想和考核方案，更重要的是要有成熟的统治思想。赵普作为一名老到的政治家，精通吏事是史书里我们经常能看到的对他的评价，而对官吏考核任用体现的正是赵普本人的为人、学识和能力。那么赵普是怎样考核官吏的？他又有哪些做人的基本特点？他的学识和能力又怎么样呢？请看下一章"半部《论语》与治平天下"。

第六章

半部《论语》与治平天下

一个国家,要想实现统治者的政治意图,首先需要人才,人才的多少是衡量一个国家发展事业能否成功的关键所在。而在传统社会,这就涉及选任官吏和考核。其统治的根本就要看当权者的政治思想。赵普作为天下百官之首,对选任官吏特别重视,而其依据的根本,就是他的为人、学识和能力。

一、选人用人

宋太祖开国伊始,虽然大规模地任用了后周朝廷的旧臣,但时间一长,毕竟还是需要任用新人,所以宋初君臣还是非常重视选人用人和官吏的选择使用的。正如当年汉高祖刘邦回到老家吟诵的《大风歌》唱到的那样:"安得猛士兮守四方",宋太祖针对当时的人才环境,就曾说过:"有些出身富贵人家的人才,每天就只知道喝酒弹琵琶,这些人怎么会知道民间疾

第六章 半部《论语》与治平天下

苦!"有感于这种局面,宋太祖下令,凡是靠着祖辈或者父辈的功劳进而获得当官资格的人才,都要先被派去监当场务,不许做地方的长官。赵普同样很重视官吏的选择,为此不怕触怒太祖。《宋史》赵普本传记载,赵普为了能使皇帝任用自己决意要用的人,甚至不惜触怒皇帝,但好在宋太祖也是一位有胸怀的皇帝,对赵普的正确主张,虽然生气,但最后都予以听取。正因为如此,宋初对官吏的任用非常谨慎,有两个显著特点。

第一个特点,是精挑细选加慎重选择。这一点在建隆元年(960)七月窦仪重新担任翰林学士的事上就可以看出。对于开国初期选任谁来做翰林学士,当时的宰相范质说,窦仪清介忠厚,然而在后周时期就已经自翰林学士迁端明殿学士了。这里需要解释的是,翰林学士专门执掌由皇帝直接发出的极端机密的文件,参与很多军国大事的讨论和执行,有较大实权;端明殿学士,这个职务始置于五代后唐明宗天成元年(926),这个官职执掌四方向朝廷报上来的奏章,多由翰林学士充任,位次在翰林学士之上。太祖表示担任翰林学士非窦仪不可,认为这个官职非常重要,于是仍旧继续让窦仪担任翰林学士。

其实宋代初年,士大夫往往担任一个官职很长时间。比如一个叫刘温叟的,担任御史中丞长达十二年,多次请求解职,太祖因为难以找到继代之人,最终没有同意,这位刘温叟后来死在御史中丞任上。我们的传主赵普,更是单独当宰相就当了十年,和他搭班子的薛居正、吕余庆为参知政事十年,这种例子是很多的。到了开宝五年(972)八月,因为当时京师开封府之西的几个州钱币不是特别丰沛,宋太祖就让李符担任京西南面转运使，为了增加李符做事的权威性，太祖写下"李符到处，似朕亲行"八个字赐给李符，赋予李符以极大的权力。李符到任后，也没有辜负宋太祖的期望，前后向皇帝上奏一共一百多条合理化建议，其中有四十八件事情都得到了施行。

第二个特点，就是升任官吏不是按资排辈，而更多的是按照才能来加以选用。宋仁宗时期的张方平就对宋初选用大臣是按照大臣的实际才能加以选用大加赞赏。说在宋初，选贤与能，有才能的往往只要几年就可以被任命为宰相的职务；而没有什么能力的官吏，即便是干得超过十几年，皇帝也还是不会重用他们。司马光更是赞扬宋太祖既聪明又很豁达，能知人善任，选任官吏，考虑的往往不是他们的资历，而更多的是这个职务和这个人选的实际匹配程度。遇到合适的人才，太祖往往会很高兴，并且偷偷地将这些可以使用的优秀人才记下来，以备考察和任用。每当有官缺的时候，就赶紧从官籍中迅速找人补缺。所以天下无遗才，每个人都想着怎么报效朝廷。比如，开宝四年（971）五月，太祖派遣军器库使楚昭辅校左藏库金帛，几天就完事了，向皇帝上报令皇上很满意。太祖就任命他做左骁卫大将军，管理三司事务。宋初颁行了《循资格》等法令规定，但并未妨碍以才用人。最高统治者多次用人不问资序，唯才是举，使人才不致埋没，无所作为的官僚不能够凭年资高升，从而有利于天下的治理。

为了严明官吏的使用法度，宋初还对官吏规定了任职期限。为了加强对任职官吏的控制和体现朝廷的权威，赵普提出，该退休的就应当退休，不要阻挡年轻的人才上位。宋太祖时，中央的宰相和中央重要职位的官职，往往任职很长时间，这可能是为了避免任用几年就换人，带来政局的不稳，因此宋初往往并没有任期的限制。与此同时，对不少的官员是规定任期的。从建隆三年（962）十一月宋太祖同意上报京官并以三十个月为满的记载，以及乾德四年（966）八月太祖下诏，听从御史台、吏部和刑部、大理寺的意见，让其中的执法官任职满三年者而改任其他职务来看，太祖已经着手规定执法官的任期以三年来逐步实现。

地方官吏的任期，早在唐代已有规定，中唐时期已经有了三年任期的说法，诗人白居易有一首诗叫《西湖留别》："翠黛不须留五马，皇恩只许住三年。"这里"留五马"和"住三年"对应。但从中可见，担任职务已经开始有三年的任期，渐成惯例。到了宋代初年，州郡长官让在京城供职的官员来担任、三年一换，并迅速加以实施。从此以后，知州、通判州一级的行政长官一般都是三年一换了。

其他有关地方官吏任期的规定，还有这些要求。开宝元年（968）五月下诏：各个州的主要官吏要每三年一换。比如，开宝五年（972）十月下诏：诸州场院官、粮料使、镇将，并以三周年为任。这样，边远之官安心治事，粮料等官不得长期专财，养成弊端。

怎样选人用人，始终是统治者巩固政权必须面对的重要问题。而这其中，特别是加强对官吏的选择，这自然是宋太祖和赵普考虑的重点所在。宋太祖时期对唐代科举制度发展过程中出现的一些弊端进行了初步的改革，这些弊端主要表现在唐代有些门生和举荐他们的大臣互相结为比较紧密的关系。我们知道有一首比较著名的唐诗，叫《近试上张籍水部》："洞房昨夜停红烛,待晓堂前拜舅姑。妆罢低声问夫婿,画眉深浅入时无。"诗的作者朱庆馀将自己比喻成新嫁人的媳妇,将张水部张籍比喻成新郎官,将主考官比喻成公婆,借以征求意见。张籍也非常有趣,借着朱庆馀的比喻,也回了一首《酬朱庆馀》的诗:"越女新妆出镜心,自知明艳更沉吟。齐纨未足人间贵,一曲菱歌敌万金。"张籍暗示朱庆馀不用担心。这两首诗寓意巧妙,但实际上反映了唐代主考官与门生比较紧密的关系。为了矫正这种弊端,宋太祖于建隆三年(962)九月下诏:国家开设科举贡举,让读书人出来做官,就是要把他们选拔出来,不是为了私相授受。以后考试中考取功名的读书人,不允许再跑过去给举荐自己的官僚当什么儿子、孙子、弟弟和侄子的,如果有人胆敢违反,就让御史来弹劾这些人。而且不允许称呼举荐自己的人恩门、师门,也不允许叫自称是谁的门生。

严禁朝臣公荐举人,公荐就是台阁近臣推荐参加科举的人。乾德元年(963)九月,太祖下诏,让主持贡举的礼部,从现在开始不被允许再来推荐参加考试的人,如有违反将被重重治罪。而且命令已经是官宦子弟的人要参加第二轮考试。到了开宝元年(968)三月,太祖下诏说,本来举行科举考试,就不是为了个人的恩典。科举是为国选才。以后考取科举的举人,都要由吏部上奏章报告,并且要举行复试。可见,朝廷对科举取士的重视和对人才私用的反感。

实行殿试。科举制度使用殿试在唐代就有了,据说是中国历史上唯一一位女皇帝武则天创制的,她当时还是唐朝的皇太后。到了乾德四年(966)五月,太祖亲自在位于内宫的紫云楼下主持考试考核姜涉等举人。

第六章 半部《论语》与治平天下

第二年，也就是乾德五年（967）二月，主持贡举考试的卢多逊上奏太祖，说进士合格的有十个人。宋太祖为此下诏让参知政事薛居正于中书举行复试，还好这十个人都合格，乃赐及第。开宝六年（973）三月，太祖在召对及第进士时，发现权知贡举李昉有舞弊的嫌疑；正在这时候，落第的举人徐士廉等人击登闻鼓，伏阙求见。太祖当晚召见。徐士廉控告李昉取士不公，建议实行殿试，由皇帝亲自主持。太祖立即采纳了徐士廉的建议，登讲武殿复试进士。从此以后，每次省试完毕，即由皇帝亲自复试，成为制度。通过殿试，进士就直接成为"天子门生"了。

控制知贡举官的权力也是宋太祖任用人才的重要步骤。太祖时期，改变知贡举官多由礼部侍郎担任的做法，由皇帝临时任命知贡举官。从开宝八年（975）二月起，又增设权同知贡举若干人，使其互相牵制。此外，太祖时还严禁举人打小抄等作弊行为，以求公平公正地为国家招揽人才。太祖时期，进士一科特严，多者才取三十多人，少者不过六人。但已经为宋朝科举制度的盛行打下了较为坚实的基础。

经过以上对科举制度的改革和积极变化，使得宋朝在开国初期一定程度上取得了读书士人的支持，改变了唐代中期经五代再到宋初的取士不公的现象。这些做法，有助于人才的选拔，为一定程度地提升官员提供了有利条件。经过改革，在读书人心目当中，一个比较慎重地选择官吏的制度逐渐成型。这为朝廷谨慎地委任读书人以一定的职务打下了基础，有了好的开端，对官吏又有所奖劝，使得宋朝的吏治逐渐有了好转。

同时，宋初还特别重视对官吏的考察使用。赵普为相前的建隆三年

（962）十一月，当时对州县官的考核主要是以增加户口作为考核官吏的主要办法。毕竟在传统社会，一个国家的兴衰与否，最主要的是看这个国家人口的多少。为此，当时的宋代政府规定，户口增加的地方，对当地的地方官予以奖励。具体说来，就是各准见户每十分加一分，刺史、县令就各加一个考核等级，这样就更容易被提拔。如果地方官所在的州户数量不到五千户，所在的县不满五百户，就以按照五千户、五百户的办法来进行区分和考订等级分。如果地方官没有好好发展当地的人口数，导致所在地的户口减耗，就按照增户法减掉一个考核分，考核等级就要降低一等。这种考核办法，有利于引起宋初各地方政府对人口增加方面的重视。

乾德二年（964）正月，赵普刚当上宰相没多久，就有《上太祖请行百官考绩》的奏议。赵普要求加强对官吏的考课。赵普请求从自己开始考课，督劝官吏，尽心求治，为太祖嘉允。接着又有对三司的官员们的考课和对中央政府中的谏察、选吏、审刑官员的考课规定。这里仅仅举几个例子。比如，开宝元年（968）二月对藩镇修葺衙门、治所与考核作出了具体规定，说："如果地方官衙宇及仓库凡有损坏而没有及时修缮的，都要加以处罚。并同时规定，节度使、观察使、防御使、团练使、刺史、知州、通判等职务解除官职之前，他们治所廨舍，有损坏及所增修，都要有所记录。幕职、州县官轮替，则对考课经历要有记载。如果损坏不全，就要把考勤奖励下移一等。修葺建置而不烦扰老百姓的，则加一选级。"

赵普又对县级官员的考课拿出了明确规定。开宝三年（970）三月，要求礼部主持对官吏进行考核的人员写下特别赏赐出身之人的姓名。同时，将这些人的姓名下发到他所在的州县，让官吏去考察这些人的言行是否符合标准并如实上报，如果有胆敢隐蔽的，还将受到惩治。

开宝五年（972）十二月，下诏流外选人。所谓"流外"，在隋唐时期，是对九品以下官员的通称。流外本身其实也有品级，但经过统一考拔之后，流外官就可以递补晋升，成为流内，这个过程就叫入流。需要经过十考才能进入考核范围。一些最低级的驱使、散官、技术人，资考虽多，也不能进入考核范围。

以上是宋初有关选人的考课规定。这其中，赵普在为相之前及其担任宰相后的八九年里，对于各种官吏，大都规定了详细的考课办法，实现了他初为相时所上奏议里的建议。

宋初，对贪赃枉法、徇私舞弊的官吏，惩罚还是相当严厉的。这主要是因为，五代时贪赃严重，贪吏恣横，民不聊生，再加上宋代初期基本上对后周以来的官吏没有像以前那样大规模更换，而是更多地加以和平过渡。为了刷新吏治，宋太祖时期特别使用重法来对付贪墨的官吏，以达到拨乱反正的目的。前人早已看到了宋初对贪赃之吏的严惩，清代历史学家赵翼在他所写的《廿二史札记》中就有专门论述。

建隆三年（962）八月，在有关官员的建议下，赵普决定，凡是有行贿之举的，允许告发，如果是奴婢和亲属、邻居告发，也要给赏金。又规定，不准地方官员来京城请托行贿。这些虽然大多数是官样文章，但也弄了几个样板，抓了几个倒霉蛋，比如导江县令源铣、主簿郭彻因为贪污，被处以极刑。又不准地方官员额外收取费用，还要求治河官员不准勒索工匠。

这些考核办法的施行，大多是通过皇帝的一道道诏令加以实现的。太祖时期重视对于贪吏的惩治。如果有，就把犯事的人加以发配，或者贬为不是特别重要的官职，以此来警告那些贪污的官员，从而整肃官场。史书里记载，太祖时立法：文臣五年、武臣七年，没有贪赃枉法就可以升迁为官的等级；如果曾经犯了赃罪，文臣就要七年、武臣就要十年才能提高等级。

在这场反贪吏的斗争中，赵普是太祖的重要辅臣。乾德四年（966）八月，担任梓州知府的冯瓒等人贿赂开封尹赵光义的幕僚刘鏊，皇上本来想宽免冯瓒等人，但是赵普坚决不同意，最终按赵普的意见，冯瓒等人被流放到海岛，刘鏊被罢官。乾德五年（967）正月，节度使王全斌等人，虽有平蜀大功，但因为贪污和杀俘虏，在赵普的主导下，由中书审讯得实后，被责降。据统计，太祖在位十七年，因赃处死的官员有二十六人。其中，在赵普执政的十四年中，就处死二十人。这些人中，既有文臣，也有武将，既有中央官吏，也有地方官吏。其余因为贪赃而被杖、除名、除籍者，史书上的记载就更多了。耐人寻味的是，开宝四年（971）四月，赵玭向太祖控告赵普贩木谋利，太祖当即召集百官，要下制罢免赵普，还是靠了当时做太子太师的王溥的解救，太祖才反过去处责了赵玭。

在赵普的主导下，朝廷也尽力避免设置过多的岗位和职务，以免吃空饷局面的大幅度增加，增加国家的财政负担。根据统计记载，建隆年间（960—963），朝臣班簿才只有二百二十四员，到了太祖去世后的太平兴国初（976），也就是宋太宗刚即位时，朝臣班簿人数仍然在二百人左右。可见，经过太祖朝十七年的时间，宋朝中央官员的数量，基本上并没有太多的增加，也就没有出现冗官的情况。由于多所裁减，选择又严，甚至在一些职务上还出现了官吏缺少的现象。

从中我们可以看到，太祖时期，地方官吏的数量常处于不足的状态之中，尤其是在赵普执政时期。赵普罢相后，太祖常特诏"放选"，才使地方官吏的数量有所增加。但此时地方官吏也还没有冗员的情况出现。

赵普一方面减官定员，一方面提高官俸。待遇优厚，是和严惩贪官措施相辅相成的。其目的，都是为了要求官吏廉洁，尽力追求清明政治。

一个政权首先要考虑的是选用合适的人选来实现统治者的政治意图。宋初，宋太祖在赵普的辅佐下，颁布了一系列诏令法度，在对新朝官吏的选择、考课、惩处等方面逐渐形成了一整套比较严密的制度。这些制度、法度使法制通过统治者自上而下地努力得以在全国推行，使得宋初的吏治有所澄清，实现了朝局的稳定，也进而使宋初的政局迅速步入正轨。

二、个人学识

提到赵普，有一句几乎每个人都知道的话，即所谓"半部《论语》治天下"。这种说法现在都被传说得神乎其神了，以至于引起了很大的争议。有人说，这事是真的吗？有人说，你用半部《论语》，是哪半部？剩下的那半部呢？

我们现在都知道《论语》是一部儒家经典著作。从文体上来说，《论语》是一部语录体著作，全书记录了孔子及其弟子的言论，集中反映了孔

赵普 半部《论语》治天下

子及其弟子的政治主张、道德观念、政治思想、教育理念等。《论语》一共有 20 卷 492 章，其中不乏一些大家耳熟能详的篇章。提到儒家经典，我们可能会想到一种说法叫"十三经"，这是指被儒家尊为经典的十三种著作，然而这个说法的形成是有一个历史发展的过程的。自董仲舒提出"罢黜百家，独尊儒术"以来，汉代首先立《诗经》《尚书》《周易》《仪礼》《春秋》五部儒家经典于学宫，称为"五经"（当时还有加上《乐经》为"六经"的说法，其中《乐经》失传，所以通常称"五经"）。之后东汉时期又增加了两部经典，关于这两部经典，历来说法不一，一般认为是加上了《孝经》和《论语》。至唐代初期，并没有接受东汉加上《孝经》和《论语》的做法，而是将《春秋》分为《春秋左氏传》《春秋公羊传》和《春秋穀梁传》，又在《仪礼》之外，加上《周礼》《礼记》，成为九经；至开成年间刻石于国子学，再加上《孝经》《论语》《尔雅》为十二经。而"十三经"的说法，在赵普这个时期还没有出现，因为到了南宋时期，才将《孟子》作为儒家经典。《论语》在宋代以后，被列为"四书"之一而成为古代学校官定教科书和科举考试必读书。那《论语》和赵普有什么关联呢？

首先，我们来看第一个问题，"半部《论语》治天下"是真实的吗？其实，当我们问这件事情是不是真的的时候，我们就要找这句话在历史上的来源、出处，看看这件事的存在是不是有它的合理性。先讲一个段子，这个段子实际上是元代的一部杂剧，叫《好酒遇上皇》，这里面讲述了赵普从辅佐主公（实际就是宋太祖），到被晋升为太师、韩国公之职的故事。他是宋朝的开国功臣。每当他要决定大事，就去好好看一本书，这本书就是《论语》。

第六章　半部《论语》与治平天下

咱们权且不说，这里说赵普被封为丞相、太师和韩国公其实都存在着一定的讹误，单论这部戏文中说的赵普每每碰到大事的时候，他就搬出一部书来，就是《论语》，然后用《论语》来处理事情。因为如果真像戏文中所写，那这部《论语》可是真神奇了，对赵普来说，就像诸葛亮的锦囊妙计、武侠小说里的武林秘籍一样，随时遇到事情就翻一翻、看一看，遇到问题，就给你解决问题，这应该是不可能的。一个大宋的宰相，碰到军国大事就搬出一本《论语》来看看上面有没有答案，这画面也太搞笑了点儿。再更进一步想，这可不可以作为"半部《论语》治天下"的依据呢？换个说法，难道这就是我们今天所说的"半部《论语》治天下"的出处吗？不是。我们继续再往下找，终于在宋代的正史——《宋史》当中找到一则材料，还真的跟"半部《论语》治天下"有关系。《宋史》赵普本传里说，赵普从小就学习官员处理政务的方法，但在读书方面好像差点儿。等他做了宰相，宋太祖经常劝他要多读点儿书。赵普听了皇帝的忠告，到了晚年，几乎天天看书，以至达到手不释卷的地步，每当回到自己的房间，就关上窗户打开一个小匣子取出书来好好读，以至于一读起来就是一天。第二天到处理政务的时候，处理起来非常迅速。等赵普死了的时候，家里人打开那个小匣子一看，里面就是二十卷的《论语》。这个记载还有点儿神秘色彩。

这个事应该和"半部《论语》治天下"有关系，但是，这两个版本还是有差别的。但细细看起来，好像还不是特别对。第一，《论语》在这里应该说只是一个催化剂、辅助剂，不像上一个故事说的遇到问题就直接翻

《论语》。《论语》和处理政务没有直接的关系,即没有因果关系。这是其一。其二,它也不是半部,它是《论语》二十篇,是整部《论语》,并且在这个故事里赵普被描写成一个"宅男",神秘的宅男,每天就在家里看《论语》,对家人、对外面都保密,给整个故事增加了一层神秘的氛围。但是这段《宋史》的记载也不是完整版的,或者不是比较原汁原味的"半部《论语》治天下"的故事。它是"一部《论语》治天下"。

其实,再认真地去找找这句话的出处。从源头上来说,有学者考察出,赵普与《论语》的关联,出自身处两宋之际的李衡弟子为其身后编辑的《乐庵语录》,这是将赵普和《论语》建立联系的最早出处。此前的各种北宋文献,如《续资治通鉴长编》《隆平集》对于这件事都没有记载。而同为两宋之际的文献,比如叶梦得、李纲等人的笔记也都曾记录了韩琦、王旦这样的北宋著名宰相喜欢读《论语》的掌故。更重要的是,《论语》在唐宋时只是儿童发蒙的读物,其还远没有像南宋之后那样备受重视。所以也就不存在像南宋人写的《古今源流至论·儒吏》中描述赵普"除了《论语》之外没有读别的书了"的说法。

这句话的内涵很有意思。第一,这卷的标题叫"儒吏","儒"是指有着崇高政治理想的进士出身的官员,一般比较迂腐。而"吏"则指不是进士出身、居于小吏阶层、政治地位比较低、没有品级、没有政治理想、不按规矩出牌、唯利是图的官员,但是这一批人富于实践经验,非常干练。将这两者结合,也就是既信仰儒家理想,又能将政治理想与实践经验完美统一,赵普就是典型代表。在这部书的作者看来,赵普应该是做到了这两

第六章　半部《论语》与治平天下

者的统一，所以才将赵普放到这里讲述。

第二，这实际上反映了赵普读书不多，只读过《论语》，但是已经足够了。这个我们要在后面重点讲述，先权且不说。

第三，这里提到的是"半部《论语》定天下"，与我们现在通行的说法"半部《论语》治天下"还是有一定的不同。这也说明早期"半部《论语》治天下"的说法并没有定型，成语的定型还有一个时间过程。

这个故事或许是有时代背景的因素。北宋中期以后，宋代著名的哲学思想理学逐渐兴起，进入南宋，理学更是兴盛起来，朱熹更是将《论语》推崇为"四书"之一，并定位为儒家必读的经典。在这个背景下，两宋的笔记更是屡屡将"夜读《论语》"和"半部《论语》治天下"两个意象嫁接到辅佐祖宗创立大宋、和读书人沾边的赵普身上。而《古今源流至论·儒吏》的作者已经生活于南宋宁宗嘉定年间（1208—1224），这本书中就有"我一生所知道的，确实没有超出《论语》的范围，以前拿出来一半，辅佐太祖平定了天下，现在准备拿出另一半辅佐您来使天下太平"的记载。细细揣摩说话的口吻和情境，这应该是赵普第二次当宰相时。但这个记载，却有一些矛盾的地方。

赵普在太宗时两度为相，太宗认识赵普并熟知他，也未有因为他读书少而犹豫的事，而是在政治上有求于他才起用他的，这和"半部《论语》"故事所说的完全不同。从两宋历史情况来看，"半部《论语》"的故事，显然是在理学诞生以后，理学家们为抬高《论语》的地位，附会到赵普身上的。这个故事很生动，便在以后数百年间，为儒生们津津乐道，遂致广为流传，几成定论。这个罗大经生平不是特别详细，只知道他中进士已经是宋理宗在位初期，撰写了一部有文学史料价值的《鹤林玉露》。

再到比罗大经稍晚的黄震记载的故事，变成了说开国元勋中最厉害的就是赵普了。赵韩王每次决断大事，就是读《论语》，说"我当时帮助太祖平定天下，采用这部书的一半"。黄震还举了真宗时的另外一位宰相李沆读《论语》的故事，其实是讲儒家经典对于治国的重要作用。

再到南宋理宗的端平年间（1234—1236）曾经作为江州知州的赵善璙记载的故事里，还是那个宋太宗想让赵普二次出任宰相的故事。这些基本上都是将"半部《论语》治天下"的开端放到了宋太宗时期。

现在所能见到的最早记载"半部《论语》治天下"这个说法的，当数龚昱编的《乐庵语录》，有人考察这部书成书是在宋孝宗淳熙五年（1178）。其中说到的这个典故，还是用了我们刚刚提到的赵普再相的故事。

那到底这"半部《论语》"说是否可信呢？宋太宗为赵普撰写的《神道碑》和北宋极为重要的历史文献《续资治通鉴长编》都没有记载"半部《论语》"的说法，也没有提及赵普读《论语》。事情很有蹊跷的成分，就像我们前述所说，具体故事很生动，便在以后数百年间，一直为读书人所津津乐道，遂致广为流传，几成定论。但实在是不可信以为真的故事。

拿赵普所处的时代北宋初年来说，其实《论语》的地位并不太高。就拿宋太宗雍熙二年（985）四月下的诏书来说吧，《论语》是作为和另外的儒家经典《尔雅》《孝经》并列的三小经。士子们参加科举考试时，是作为《周易》《尚书》《明法》三科的附录放在后面的。《论语》地位慢慢上升到与"五经"(指《周易》《尚书》《诗经》《周礼》《春秋》)并驾齐驱甚至超过了上述"五经"是在南宋朱熹撰写《四书集注》(《论语》《中庸》《大学》《孟子》)之后的事情了,最典型的例子是宋初文人士大夫称引《论语》者很少见到。现存赵普的文字《班师疏》和《彗星疏》及《上太祖请行百官考绩表》,还有保存在王禹偁《小畜集》中赵普写的表状三十篇文字,都没有引到《论语》,甚至连孔子的话也没有引用过一句。说赵普只读《论语》,确实不能令人信服。

从赵普学识增长的情况来看,"半部《论语》"说也是不可信的,因故事中说赵普只读《论语》。其实赵普读书的故事是在宋初开始大兴文治的大背景下展开的。

宋太祖好读书,常劝勉臣下读书。早在后周做将领、追随周世宗攻打淮南时,太祖就曾经购得大批图书运回。太祖性情比较严肃,话也不太多,但尤其喜欢读书,虽然在军中,也是天天手不释卷。为此,太祖还要求武将都去读书,这件事发生在建隆三年(962)二月,太祖对身边的大臣说:"现在的武将,我打算让他们都去读书,需要让他们懂得治世的道理。"而且,宋太祖经常去秘书省,把管军的军官召来,让他们好好读书。因此,宋太祖重视读书人,有了那句"宰相须用读书人"的慨叹。对于宋太祖我们熟悉的大多是他以武将的身份和盖世武艺来平定四方,然而太祖晚年却特别喜欢读书。在文臣中,太祖重视的是有吏治才干的儒臣,以至于一些人暗地里发牢骚表示不满。朱熹曾说,本朝初年就已经开始崇尚儒家礼义、尊重儒家经典,想要回到夏商周三代的礼治时代,感觉当时已经超过了唐代时期。可见宋初重视学习经史的风气。

赵普早年读书不多，但入宋尤其是为相以后，却很注意勤奋学习，学识大为长进。赵普作为太祖的心腹股肱之臣，太祖更是经常劝他多读书。《宋史》赵普本传说："赵普当了宰相，宋太祖常劝他要读书，赵普到了晚年手不释卷。"一本笔记则描述得更加形象，说太祖曾经跟赵普说："爱卿你要好好读书啊，现在学识好的人多得是，爱卿难道不羞愧吗？"赵普从此手不释卷。甚至有记载说，赵普还拜了师傅。据说师傅叫聂崇义，在宋朝建国之初被拜为学官，是河南洛阳地区的大儒，赵韩王曾经拜他为师。

赵普从五代时期担任藩镇的属官时，就"以天下事为己任"，曾经发誓说"当以身许国"，为了治理天下，汲取鉴戒，主观上也想勤奋学习。他读的书，以史书为多，很注意历代名臣事迹。在赵普现存的诗文和所上皇帝奏议中可以看出，其中就有《左传》《史记》《汉书》等正统历史书，看得出来这些是他很熟悉的，阅读这些书的难度应该比《论语》要大。汉代向汉武帝提出"推恩令"的主父偃，唐朝时历任武后、睿宗、玄宗三朝的宰相姚崇，这些名臣的议论和前朝贤人的事迹，赵普一直是很留意的。由于他的勤奋好学，学识大为长进，以至于在奏疏中赵普常常广征博引、援古论今，可见他已经是一位博学的官员。宋太宗在写赵普的《神道碑》时说，赵普到了晚年特别喜欢读书，经史百家的书，他都经常放在几案上，他所看的书都熟记于心，慢慢达到了上知天文下知地理的程度，以至于一些鸿学大儒都有赶不上他的地方了。从这些记载也可以看出，说赵普只读《论语》一书，似乎更站不住脚了。

赵普入宋后，在中枢长达十四年以上，丰富的官藏图书可供阅读的客观条件，使赵普更有条件看书学习。赵普在宋初政治中能够发挥巨大的作用，与他勤奋学习、不断提高学识水平和治国才能是分不开的。《宋史》赵普本传的论述称赞赵普时说："过去殷商的名臣傅说跟上朝的国君武丁说，从古代的训导中学习必然会有收获，而事情又不能只学古代。赵普作为谋国的主要朝臣、担任宰相，能去敬重和取法古代先哲和德高望重的人，宋朝能取得古代社会璀璨发达的文明，就是从开国之初就气象醇正，而赵普确实为这种风气的树立，起到了一定的积极作用。"现在你如果说宋代人不读书，那简直是开玩笑。我们熟知的"书中自有颜如玉""书中自有黄金屋"就是出自宋真宗，当时已经形成了这样一种社会风气。

宋人如此重视读书，同时也就有了调侃达官贵人不读书的传统。比如赵普身后宋真宗时期的名臣寇准的故事。说的是，真宗初期张咏在成都，他与寇准同年考上进士，后来也当官当到礼部尚书，尤其是他发明了世界上最早的纸币——交子，也算是一个有作为的官吏。他听说寇准当了宰相，曾对自己的僚属感慨地说："寇准确实是位能人异士，但学业上不怎么样。"后来寇准被贬为陕州知州，张咏回朝经此，寇准热情款待，临别时，寇准送他到郊外，问他说："你和我是同年考取功名，现在有什么教寇准的？"张咏缓缓地说："《汉书·霍光传》不可不读。"寇准不明所以，回来后便读了起来，当他读到"不学无术"时，自己不由得发笑说："这是张公对我的评价啊！"寇准这样的才子都被讥笑不学无术，可见宋代已经将读书作为一种衡量人的主要标准了，这或许是宋代乃至以后各个朝代重视文教最好的诠释。

赵普虽然没有著述在学界被称誉，但在史籍为数不多的记载中也大概有如下几种：

《龙飞日历》，据张其凡考证为赵普亲撰，见于史籍的仅有此一种。这部书记载了赵普作为亲历者，参加太祖陈桥兵变、夺取政权的事。书名多有不同，有叫《龙飞日历》的，还有叫《宋世龙飞故事》《皇宋龙飞故事》《飞龙记》《建隆龙飞日历》的，更有叫《飞龙故事》的。

到明代初年修《永乐大典》时，赵普写的这本书也被录入，用的是《飞龙记》一名；同时，还录入《艺祖受禅录》和《景命万年录》二书。说到《飞龙记》这个名字，《续资治通鉴长编》里提到过这部文献。《长编》的作者李焘在记述陈桥兵变时说，后来成为宋太宗老丈人的李处耘也和赵普一起来告诫诸位将领。但宋朝的国史记载却说，李处耘看到军中都想着拥戴赵匡胤当皇帝，就跑去告诉当时还叫作赵匡义的赵光义，并与其他人合谋接下来做怎样的打算。李焘否定了《飞龙记》李处耘和赵普一起告诫诸位将领的记载，将李处耘的名字删去，但实际上这本《飞龙记》成书于建隆元年（960）三月，可以想见，当时发动陈桥兵变的人都还活得好好的，而且宋太祖本人也知道这本书，赵普不敢在书中故意忽略赵光义的功劳而夸大自己的作用。所以再回头来看这本《飞龙记》，或许才是兵变时的真相所在。

据宋人记载，赵普的文集共有四种本子。其一：《奏议》本。南宋的书目《遂初堂书目》记载有"赵韩王谏稿"，但没写这本书的卷数。有的书说这本赵普的《奏议》只有一卷。其二：三卷本文集。这部书在宋代著名的目录书记载中叫《赵韩王集》，有三卷。其中包括内容有：记一，表疏二十九，附手诏批答五；奏状、札子二十五，还附有御诗二十一；启状十，词帖三。其三：五卷本文集。就是在赵普三卷本文集基础上增加了"谢请班师批答一表，贺平江南一表，及与诸公遗书"等六十八篇，重新编集而成。虽说是五卷，但实际上，赵普的文字只有四卷。其四：十卷本文集。这部赵普的文集据说是南宋史学家李焘所编著，并为之作序，名字叫《赵韩王遗稿》，一共十卷。根据目录书，这部书的内容是：刘昌言所撰写的赵普的行状，奏议只有十篇，其余都是表状之类的文字。李焘撰写的序言说："王禹偁曾经赋诗一首来吊唁赵普，说赵普的奏疏，相当于古代《尚书》里夏和商两朝的文字一样。文字忠谨诚恳。唉！真是太贤良了！王禹偁对赵普的褒奖赞扬，都不是出于私心。但史官图省事，简单地编了编，太让人惋惜。我将赵普这些遗留下来的文字按照顺序进行编排，传之后世。他的四六文字、表状，往往都能在王禹偁的文集里见到，大概是王禹偁代写的。虽然是王禹偁代写的，但肯定是赵普的心声，所以我也不敢放弃。回顾草疏绝不仅仅就这些，以后要加大搜罗范围再去好好找。"话说在王禹偁文集《小畜集》卷九，有赵普挽歌的第五首，诗曰："陶镕存庶汇，霖雨润寰区。旧疏同伊训，遗章入禹谟。"据李焘的序，十卷本文集把王禹偁代作的表状也编了进去。比较一下就可以看出，所谓的十卷本，其内容还没有三卷本多。所以，宋人所编的赵普文集中，以五卷本文集为最多。

可惜的是到今天，这四种文集都已经看不到了。

南宋的大臣吕颐浩说曾经见到过太祖与赵普论事书数百通。但未见其他宋代史籍提及。今天所能看到的，只有《东原录》中，有太祖批答赵普奏一通而已。这几百通论事书，现在从文字记载来看，上面说的四种文集均未收入。

赵普的四种文集虽然今已不存，但其中的文章，还保留下来一部分。按五卷本检查：卷一的刘昌言作的《行状》，李焘写《续资治通鉴长编》时引用过，但现在找不到了；宋太宗撰的《神道碑》，在现存的文献中能找得到。赵普写的表疏，原来有三十一篇，现在存留的有：《班师疏》《彗星疏》《谢请批答班师表》《上太祖请行百官考绩表》《荐张齐贤疏》等五篇。《班师疏》可以在现存的文献资料《邵氏闻见录》《三朝北盟会编》《宋朝诸臣奏议》《宋文鉴》《宋史》《东都事略》《续资治通鉴长编》中看到，其中尤其以《邵氏闻见录》所录最为完整。《彗星疏》在《宋文鉴》《宋朝诸臣奏议》《续资治通鉴长编》等文献中能看到。《谢请班师批答表》在《宋史》赵普本传、《续资治通鉴长编》等处能看到。《上太祖请行百官考绩表》仅仅能在《宋朝请臣奏议》中看到。《荐张齐贤表》在《宋朝请臣奏议》《续资治通鉴长编》中能看到。卷四的奏状、札子，即李焘所说的"表状之属"，五卷本有二十五篇，十卷本大大超过此数；现存者，只能在《小畜集》王禹偁代作的三十篇中看到了。看来，五卷本的二十五篇，不在此内。

赵普的四种文集里，都没有提到他还写诗，仅三卷本说他有词帖三。《宋诗纪事》曾引《陆氏善鸣集》中所录赵普《雪中驾幸敝庐恭纪》一诗，这是一首五言十五韵的长诗。编纂《宋诗纪事》的清代学者厉鹗在诗后的按语说："这首诗是出自陆次云选本,不知道是根据什么,单这首诗里面有一个'殷',而宋太祖、太宗的父亲叫赵弘殷,赵普是知道的,不可能不去避讳。"厉鹗本着谨慎的原则,先把这首诗记录下来,以备将来考证。现把这首诗全文抄录于下,以供大家欣赏。

雪中驾幸敝庐恭纪

贞元重数荚,滕六剧霏花。

漠漠初濡砌,皑皑欲聚沙。

闾阎银作界,宫阙玉为家。

调鼎惭盐撒,沾温觉絮加。

端凝三殿瓦,欣动五云车。

冰柱撑茅屋,琼枝拥翠华。

微行停跸警,冷漏静街哗。

具野曾无隩,磻溪岂问牙。

公然门驻辇,那信室盘蜗。

积素堪麟画,飞黄想兔罝。

一庭看曳练,十道趣宣麻。

戎索筹先后,雄才辨等差。

神威殷地轴,御指落天花。

袁贺甘朝稳,裴功敢夜夸。

雪山行献琯,早晚到星槎。

我们看到,"神威殷地轴"里确实存在一个"殷"字,至于这首诗是否出自赵普之手,姑且存疑,有待进一步的考证和认识了。

三、为人长短

任何一个人,都会有长处和短处,我们在日常生活中,通过其为人处世,便能感受到这个人的为人。下面我们就通过一些事迹来看看赵普到底是一个怎样的人。

作为一名传统社会的士大夫和宋初的开国功臣,赵普身上值得称颂的优点主要有三条,即以天下事为己任、举贤任能和不为子弟求恩泽。青年时代的赵普,便钦慕唐太宗的统一事业,慨然以天下兴亡为己任。执政中枢以后,更是有意效法盛唐名相姚崇,准备做一番事业。《宋史》本传说他心机深沉有城府,虽然经常嫉妒别人,但他却能以天下的事为先。宋代初年,在宰相这个位置上的人要么拘于琐碎、限于狭隘,要么因循守旧、沉默不语,只有赵普性格刚毅为人果决,没有人能与其相比。他长于吏道,智谋深刻,除旧布新,十年独相期间,用其治理国家的才能,运筹帷幄,太祖将其作为股肱重臣。洪迈曾说他,帮助太祖消除强悍的藩镇兵权,削弱支郡,使其隶属中央;设置转运使、通判等职务,让他们掌握地方财政大权;设置文官知州来增强中央集权;建法立制,审官用人。这一切的整治措施,在两宋时期都是国家赖以生存的根本。他先后策划了很多开国的政策,坚持按照相关制度去施行。但是他并不保守,王禹偁在《御戎十策》中的变法主张,他深为赞赏，这是很不容易的。晚年，他还不惜触犯太宗亲信，坚持维护法度。这一切，都反映出赵普时时以天下事为念，为赵宋皇朝的繁荣进行了不懈的努力。当然，他是在为他的阶级服务，为传统政权服务，这是时代和阶级的烙印决定的。然而，他以天下事为己任的精神，无疑还是有着借鉴意义的。所谓"天下兴亡，匹夫有责"，也就是这个意思。

赵普能够举贤任能。对于有一技之长的人，他认为就要重用，即便是皇帝暂时不应允，他也不轻易改变自己的主张。欧阳修曾说，我听老一辈的人说，当年赵普辅佐太祖皇帝时，在一位官吏的人选上君臣之间就曾发生过这样的事情。当时赵普选了两个人报告给皇帝，太祖并不同意他推荐的人选。过了几天太祖又问起来，他还是拿这两个人的名字报给皇帝，皇帝还是不同意。过了几天再问，还是这样的情形。太祖勃然大怒，便把赵普写这两个人名字的奏疏撕了扔到大殿上。赵普不为所动，腰带间插上奏事的笏板，慢慢地捡拾起太祖撕碎的纸张，放到自己的袖子里。又过了几天，皇帝还问，赵普又拿出这张修复好了的纸继续举荐。宋太祖恍然大悟，最终就用了赵普始终坚持用的这两个人。当时敢这样去做，大概就是审时度势后觉得这两个人有可用之长处。赵普这种百折不挠和始终坚持为贤必举的做法确实让人感慨。

从史籍记载看，赵普举荐和赏识的人不少。南宋刘克庄就说，我大宋朝对贤良人士一直多有怜爱，就像赵普对王禹偁。其实赵普赏识的人很多，史书里能找出证据的就有如下这八九位。

《宋史》里有传记的辛仲甫，小时候就很好学，等长大了比较擅长做事。他在开宝五年（972）被赵普举荐。当时，宋太祖问赵普，文官中有谁还能有一些武勇，赵普回答辛仲甫，并夸奖说辛仲甫有文采也有武略，以前曾经效力过一位节度使，那位节度使还亲自教他怎么射箭，结果后来不久这位节度使都要跟着他去学习。而且辛仲甫才识宏阔，是可用之才。宋太祖就任命他担任西川兵马都监。后来，太宗派辛仲甫出使辽国，辛仲甫圆满完成了任务，显示了外交才干。辛仲甫后来当官一直当到参知政事。

《宋史》里有专门立传的张齐贤，说他好发议论，又有谋略，而且在当官处理刑狱事务的时候不苛刻，尽量保全普通人的性命。出知代州之时，曾屡次打退辽军进攻，守边有术。赵普推荐他"素蕴机谋，兼全德义"，称他是"经国之才"，张齐贤因此得以再入枢密院，为副使。最后，张齐贤"四践两府"，两次为宰相。

同样在《宋史》有本传而最后官至参知政事的郭贽，性情温和，是大家当时争相夸奖的人，也是一位宽仁长者，受到赵普的推许，并得到了任用。考中状元进入仕途、同赵普一样也是三次担任宰相的吕蒙正，为人宽厚正直，对上礼遇而敢于直言，对下宽容又非常有雅量。因此在与赵普同为宰相时，受到赵普的称赞和器重。

《宋史》有传的冯拯，曾以书生的身份拜见赵普，见面后赵普感觉此人相貌清奇伟岸，便欣然对他说："你呀，必会富贵长寿，且才能应当也不会在我之下呀。"可见赵普爱才之心，对有才华的后辈也是极尽勉励的。当然，还有一种说法是说冯拯是赵普"劝使就学，并为之延誉，使其及第"，且后来官至宰相。不管哪种说法，在冯拯身上，我们都能看到赵普惜才、爱才，对有才华的人是非常赏识的。

田锡、王禹偁，是宋初有名的耿直敢言之臣，赵普很器重他们，两人对赵普也非常推崇敬重，尤其是王禹偁，后来还成了赵普的忘年交。王禹偁的诗书中说赵普曾经举荐过他的文章，宋太宗知道王禹偁的名字后，就把他召来，亲笔给他写题目考试他的才能。王禹偁是北宋政治改革派的先驱，是关心民瘼、敢说敢为的好官，是诗文革新的旗手，同时更难能可贵的是，王禹偁还是一位据实直书、不畏时忌的史学家。赵普去世时，他为商州（今陕西商洛市）团练副使，在挽歌中沉痛地说："商山副使偏垂泪，未报当年国士知！"对赵普充满怀念，可见两人感遇之深。太宗、真宗时期的著名诤臣田锡在端拱二年（989）正月的奏疏中也说到赵普，三次出任宰相，并两次出任地方节度使，德高望重，是我们大宋的元老重臣，所有重要的事情都经历过了，希望军旅的事情、机密的事情，皇帝都尽量常与他商量，这是国家大事，皇上应该大公无私。田锡、王禹偁都喜欢抨击时政，并因此而屡遭贬黜，他们自己说是"朝行孤立知音少，闲步苍苔一泪垂"。但是，却受到开国元老赵普的器重，也未见他们攻击赵普，这反映出，赵普在和后辈大臣的交往中，能够礼贤下士，使他们感恩图报。从思想上来说，恐怕也是有共鸣之处的吧。

许逊在冠氏县（今山东冠县）当知县时，多次上书向皇帝陈述北边对辽国的战争事宜。当时赵普第二次当宰相，对四方报奏过来的奏疏都很不满意，往往都扔到两个瓮坛之中，等这两个瓮坛满了，就把放在这里面的东西都拿出去烧了。但赵普唯独对这个许逊很满意，说他很有能耐，说许逊的意见和他的意见一致。后来许逊到地方上当官，多有治绩，很多人说他的才能和他的官职很相称。

李继凝，是宋初佐命功臣李处耘的侄子。史书里记载：李继凝没有什么文采，但性情非常清廉和谨慎，到哪个地方去任职都是以为官勤勉、做事练达著称，多次为宰相赵普推荐，皇帝在便殿召李继凝觐见，并流露出将要重用他的意思。

张质，同样《宋史》有传。书中记载：张质开始隶属于枢密院兵房，很得赵普、曹彬两人的赏识。练习事程，精敏端正而又态度认真，就从没犯过什么错误。

王贻孙，是后周宰相王溥的儿子，是一个学识渊深的人，为赵普所器重。朱昂，写文章浑厚清峻，赵普十分赏识，说他有君子之风，德行深厚。

赵普推荐和赏识的人，不是吏治有方，就是忠厚好学，大都敢于直言。对于徒有文学才华而不通吏道的文臣，赵普是不欣赏的。如王化基，是太宗登基后的第一批进士之一，只几年即知岚州，赵普认为提拔王化基速度太快，对国家的政治没有太多的益处，就改任他做淮南节度判官，让他去熟悉吏事。

不为子弟求恩泽。赵普在宋初三十多年时间内，尤其是独相十年期间，可谓煊赫一时。但是，他能够抵制亲属，戒谕子弟，不为子弟求恩泽。宋太宗撰写的《神道碑》中记载，赵普经常劝诫自己的弟弟和儿子们，如果一个人受到皇帝的恩宠超过了尺度，富贵就会对自己产生不利的影响。我先是到地方出任河阳三镇节度使，然后又在此做宰相，都是先考虑国家的利益，最后才考虑自己。我以身许国，家里的私事，我不敢参与。后来我有幸升官担任了宰相。出将入相三十多年，从来没有为亲属而求皇上布施恩泽。你们都要好好努力，砥砺自己的品行。因此赵普家中子弟，自始至终，都没有官居清显的人。

后来北宋末年监察御史胡舜陟曾称颂赵普为相十二年，儿子还是个老百姓。有人说赵普辅佐宋太祖、宋太宗兄弟俩建朝立制、打下天下，又辅佐两位皇帝树立了大宋朝廷的很多规范性的制度。在朝廷，出入将相二十多年，然而赵普的儿子担任六宅使（名义上负责管理皇帝成年儿子们宅院事务的官职，实际上就是享受个待遇），也是因为皇帝陛下的恩典，而赵普的弟弟也只是河南推官（节度使的下属文职僚佐），并且都担任了十年还没有变动。国家如此重要的大臣对儿子兄弟都尚且如此，其他官吏就不太好办了，他们不敢超越赵普对待儿子、弟弟的做法，不敢超越赵普。赵普这样做，对于功臣子弟封官的规范，起到了一定的积极示范作用。

赵普的大弟弟赵贞（固），官至尚书都官郎中；二弟弟赵安易，太祖时担任河南府推官，但因为当时赵普担任宰相，十年之内官职没有发生变动，一直到淳化三年（992）赵普死后，赵安易才做到宗正少卿；小弟弟赵正，因死得早，仅仅是一个东头供奉官。太祖时赵普为相，他的妹夫侯仁宝希望悠游自适，也不过让他分司西京而已。

赵普有两个儿子。长子赵承宗，官至左羽林大将军，是赵普亲属里官职最高的了，但这是个散职，没有多少实际权力。次子赵承煦，赵普到地方任职后，先后担任过河阳三镇节度使（今河南孟州南十五里的黄河北岸）、武胜节度使（治所在邓州，今河南邓州）、山南东道节度使（治所在今湖北襄阳），赵承煦都是担任节度使下属的将校级武职，赵普从来没给这个小儿子求官。到了端拱初年，宋太宗特地下旨封赵承煦为六宅使。赵普去世之后，又封他做宫苑使，领恩州刺史（今广东阳江），后来又加领成州团练使（治所在今靖州苗族侗族自治县东）。

赵普唯一一次为子弟求恩泽，是在他临终前不久，为侄男求官，太宗授其大理评事。这在很大程度上还是出于对亡弟的友爱。

赵普遭受非议的短处，主要有四点：一是为人忌刻，喜欢报复；二是贪污受贿，聚敛谋财；三是生活腐化；四是专政弄权。其中大部分是事实，也有一些是不实之词，与他和太宗的矛盾有牵连。

《宋史》赵普本传说赵普"多忌克"；《隆平集》卷四《赵普传》说他"性多忌克"；《涑水记闻》卷一记载："普为人阴刻，当其用事时，以睚眦中伤人甚多。"都是说赵普为人忌刻，喜挟私报复，这几乎在宋代已成定论了。但是，说到具体事例，却不太多，而且多不可信为确事。

《宋史》赵普本传记载说："最开始赵匡胤还是老百姓的时候，赵普就跟着他，之后赵匡胤登基做了皇帝，赵普多次把皇帝在做老百姓时有些做得不对的地方说来道去。宋太祖这个人比较豁达大度，没往心里去，跟赵普说，如果谁都能在我们没有显贵的时候知道我们将来一个做皇帝、一个做宰相，那人人都会来求我们了。赵普一听以后也不再敢说这些事情了。"实际上这段记载，出自于笔记《丁晋公谈录》，笔记的原文紧接着还有一句："潜欲加害。"这段记载的基础是第一句："太祖侧微，普从之游。"但是，

第六章 半部《论语》与治平天下

赵普第一次遇到太祖，已经是后周显德三年（956），太祖当时已经是殿前都虞候了，不是在"侧微"时。所以，在太祖侧微时，赵普并不认识他，更不可能跟随他游历。因此，所谓"屡以微时所不足者言之"云云，也就失去了可能性。《丁晋公谈录》的记载，当是得自传闻，不足凭信的。

笔记《孙公谈圃》卷下有一条记载，说琼崖岛（今天的海南岛）上有黎人（应该是现在黎族人的祖先），有人违背他们的意愿，他们就在河流的上游下毒，因此很少有人能进入他们的老巢。宋朝初年时，有一个节度使，不知道他叫什么名字，但知道他姓王，因为得罪了赵普，赵普就让这个节度使去攻打黎人。太祖时期的节度使，姓王的有王审琦、王彦超、王全斌等人，都不曾与赵普发生过矛盾。宋初的史书中，也没有记载宋初有用兵琼崖之事。《孙公谈圃》的记载，我们认为是传闻，而不是事实。

其他说赵普忌刻的事例，如诬陷冯瓒、陷害赵廷美、陷害刘恕致死、报复陈象舆等事，都与事实有出入，并且都牵涉太宗，传统史书归罪于赵普，是很自然的事。

虽然宋代史籍几乎一致说赵普忌刻，好报复，但所记事例却大都不是事实。因此，即使赵普确有这种劣习，那也不是如史籍所说的那样严重。

赵普的贪污受贿，聚敛谋财，是有名的，其事例不胜枚举。江南赠银五万两，吴越送金瓜子十瓶，不过是其大者而已。贩木规利，营邸店规利，使赵普大大发了财。大中祥符四年（1011）十一月，赵普的妻子和氏去世，真宗命中使录其家赀，数量相当大。这时，已是赵普死后二十年了，他在世时，其家财的数量，自然是更大了，由此不难想象赵普活着的时候还挺会敛财的。赵普自己在《求致仕第三表》中就说过：自己当官的俸禄和受到的赏赐，都聚集起来不止一万金的价值。赵普的其他家财，数量当大于俸赐。虽然有人说，赵普也许是袭用萧何的办法，避免皇帝猜忌自己有政治野心，而选择贪污受贿，借以向皇帝暗示自己没有当皇帝的野心，来解除太祖、太宗的疑虑，但同时也想为后世子孙留下丰厚的遗产，也许是有一己私利在作怪吧。

赵普广有家财，所以其生活腐化，很是豪华奢侈。他曾以空地私自交换尚食蔬圃以加大他的住宅面积。沈括在《梦溪笔谈》中曾记载，说赵普给自己置办家产，家里的钱密密麻麻，其他更是可以想见。

《宋史》赵普本传说，赵普做宰相时非常专权，其他朝臣都很记恨他。事实也确实如此，赵普为相时，事无大小，都亲自决断，为政是颇为专权的，并因此引起了太祖的猜忌而导致罢相。有关赵普专权的记载中，都说了赵普的一些不对的地方。但我们也要认清事实，不是所有的不对，都是赵普的过错，这也是不争的事实。

赵普让窦谭告发侯莫陈利用，打击侯莫陈利用，是打击了太宗的亲信，因此有不利于赵普的流言蜚语，是不足为奇的。

赵普为相时，专权过甚，就连皇帝赵匡胤、赵光义兄弟都对他的专权颇有微词，这是事实。但是上述两条有关赵普专权的记载，却也有一些不实之词，不能以此拿来攻击赵普。

简单说来，赵普是一位以天下事为己任的辛勤的政治家，治理国家能够尽心尽力。但是，他也不是一个没有缺点的人，毕竟在那个时代，洁身自好的人并不多，仅仅凭借道德品质或许是没有多少感召力的。因此，对他的称颂极多，非议也自然颇多。

四、政治思想

赵普除了看《论语》，著文不多，今天可见的更少，这给我们探讨赵普的政治思想带来了困难。但是，对于身为政治家的赵普，不探究其政治思想，那自然是不合适的。下面根据现存的一点儿可见的零星资料，结合前人的研究成果，我们来看看他有怎样的政治思想。

赵普坚持"道理最大"的思想，也就是坚持按制度办事。

宋人记载"道理最大"之说的地方很多，最著名的就是北宋沈括《补笔谈》中的记载：宋太祖曾经问赵普说："天底下什么东西最大？"赵普考虑了很长时间而没有回答。偶然宋太祖又找机会再问，赵普回答道："道理最大！"宋太祖对这个回答非常满意，几次都说这个回答太好了。

北宋李季可称颂这个故事说，这个故事为后世树立了榜样，天下以后都是靠这个。以至两百年后，宋孝宗时，还有人对这个故事津津乐道，并说，正是因为道理最大，就不会因自己的个人意愿而失去了公道。宋孝宗也说，不能放任自己的个人意愿。在这段记载之下，有史臣留正等人的评论，这个说法非常有名。留正评述道，天下只有道理最大，因此就连皇帝也得尊重老百姓有道理的话，是因为即便富有四海，也不能将个人意愿施加在亲人朋友那里。如果对道理不管不顾，皇帝就完全可以为所欲为，想怎么着就怎么着，那么个人的意愿就很放肆而没有什么顾及的了。到了宋理宗淳祐七年（1247），这段君臣对话仍然为人重又提及，说这是古代贤君尧、舜和贤臣后稷、契的君臣问答。宋朝之所以理学兴起，其实就是从这里发端；国家之所以能超过汉朝和唐朝，都是靠着这样的认识，舍弃这个而靠言治，并不是智者该说的话。

"道理最大"是经过五代战乱以来对皇权的一种理性认知，也是在经过五十三年换了八个姓氏十三位皇帝后，对皇帝定位的理性认识。皇帝已经不再是天之骄子和"天下第一人"、唯我独尊，而是需要在"道理"和"天下"的制约下，遵从于"道理"，把"天下"作为自己行事的准则。这种观念并不是只有宋代才有，只是"与士大夫共治天下"的政治格局，在宋代达到了巅峰。而这就脱胎于赵普政治思想的核心——"道理最大"。这种思想更是被宋代的思想家发挥为"有民而后有君，有天下而后有国"，进而将国和家看作是天下百姓所有，而非皇帝或者一姓所私有。这种理论对于不断完善宋代皇帝和官僚治理体制，起到了积极的促进作用。

赵普后来说，皇帝如果奖赏和惩罚某个人，都没有个人成见，内外都没有什么阻隔，向上求道理，向下陈述自己的诚心诚意，那么到达天下太平的时候，就不是什么难事。而赵普一直以来，也遵循了这个思想去做事。

在宋代的笔记中，赵普表现出一股坚持自己正确主张的倔强精神，他为了能够达到自己的目标，即便是面对最高统治者，也是十分笃定地去实现自己的目标，用他自己的话说，赏赐给别人东西，这是圣人让你向善，惩罚别人拿走东西，这是圣人让你惩恶。用爵位来赏赐和惩罚，这是用天下的爵位来赏赐和惩罚，皇帝你怎么能私自独断呢？当时就有人评论赵普的观点，说赏赐和惩罚是皇帝最大的权力了，赏是为了劝人立功，罚是为了惩治罪恶，天下都是一样的道理。太祖时，臣僚有功应当升官，这是天下的大公，但皇帝不喜欢这个人，不想给他封赏，这是受蒙蔽于自己的私心。赵普讲的赏罚，就是合天下之大公，没有什么不对。其实换一个角度来说，这或许正反映了赵普刚正的品质。

对于自己任官的事，赵普也要讲究一个道理。当初，宋太祖接连罢免后周到宋初的宰相范质、王溥和魏仁浦，任赵普为相时，中书没有宰相签署皇帝的敕书，赵普就向皇帝报告。皇帝说："爱卿你只要进中书就行，我来为爱卿签署敕书，可以吗？"赵普说："这项责任是由专门人干的，不是皇帝该干的事情。"那如果皇帝都不能来签署这道敕书，该是谁来签署呢？太祖让翰林学士去查实是不是这样或者说该怎么办，担任翰林学士的窦仪说，现在皇帝的弟弟（赵光义）是开封府尹，相当于担任同平章事的宰相，最后就命令赵光义签署敕书来赐给赵普。认为惩罚和奖赏是顺应天下的事，不能再仅仅由皇帝一人专断，这也是赵普核心政治思想的表现。为了国家法度，赵普敢于向皇帝也就是最高统治者提出不能任意而为，而宋太祖作为开国之君和明君，遵从了赵普的建议，这不光是因为赵普是自己的心腹重臣，更是因为这是一种对宋初政治理性的判断。

同时，赵普按照政治制度办事也是有其深厚的历史原因的。作为参与决策的股肱重臣和执行者，赵普的政治思想是比较复杂的。既有儒家思想，也有法家思想，还有一定的黄老思想，这些思想看似思路不同，但根本上，赵普和最高统治者赵匡胤、赵光义兄弟的思路是相通的，也就是根据政治形势和当务之急考虑问题。

以往大家认为，宋代初年是尊奉黄老思想的，甚至认为赵普也是尊奉黄老思想的。黄老政治思想在宋初受到一定程度的重视，这确实是事实。但是应该看到，宋初和上一次大规模尊奉黄老思想的西汉初年还是有很大区别的。西汉初年尊奉黄老思想，是因为西汉统治者刚刚结束秦末的统一战争，加上秦朝对老百姓的暴政，使得老百姓受到了极大的压榨。为了恢复国力，也为了对抗已经成为威胁的匈奴和境内的诸侯王，西汉统治者不得不采取轻徭薄赋和"与民休息"的统治政策，巩固当时的统治局面。宋初虽然也经历了唐末五代以来的藩镇割据和大动乱，虽然也首先要考虑巩固自身统治，但统治者考虑的并不是与被统治阶级之间的关系该怎样调整，而更多关心的是如何重新树立中央的权威，进而重建国家中央集权的统治力，避免建立的宋朝成为继梁唐晋汉周之后的第六个短命王朝。

有鉴于此，作为涉身其中的五代时期的武将，宋初统治者开始有意地重视文治。这种文治不但包括重视儒家学术、重视文化教育，同时特别强调科举制度，而且还特别重视法律制度的建立。这在宋初皇帝与重臣——宋太祖和赵普身上得到了很好的体现。宋太祖当皇帝前，和当时的后周高级将领比较大的区别之一，就是特别喜欢读书。据说赵匡胤是当时后周将领中藏书最多也是读书最多的。周世宗甚至与赵匡胤就将领是不是应该藏书和读书，并花费大把时间来藏书读书进行过讨论。或许是为了矫正五代以来的积弊，也或许是自身天性使然，当然也有可能是文献上的刻意营造，宋太祖在当上皇帝后，每每将儒家经典和史部文献作为自己读书的主要对象。我们前面说过，宋太祖曾经劝过赵普读书，读的儒家经典就是《论语》。除此之外，宋太祖还和另一位宰相讨论另一部儒家经典《尚书》。这都反映了宋初对于儒家思想的重视，将儒家思想作为教化的根本所在。

　　大力提倡阅读儒家经典的同时，宋太祖特别强调对孔子的尊崇。当上皇帝后，就下诏让有关部门及时修葺孔子等儒家先哲们的祭祀地点，并一再到这些地方去参观，在尊崇孔子方面，宋太祖真是下了很大功夫。同时，他还特别强调对儒家礼乐制度的建立。宋太祖刚刚即位，对儒家的礼乐制度是矛盾的，他口无遮拦地在祭祀太庙时说，自己的老祖宗不会认得那些相对不常见的礼器，执意要用相对平常人家用的礼器，但又不得不在祭祀完自家祖宗后，摆上那些相对高级的礼器。这种矛盾的心态，恰恰表明宋太祖不拘泥于制度而又不违背礼法要求。这不由得又让我们想到宋太祖刚当上皇帝的另外一件事，那就是对忠孝观念的褒奖。我们还记得，陈桥兵变几乎以不流血的方式取得政权，但唯一带血的方式，就是杀害了后周的大臣韩通。按理说，韩通刚刚还反对自己当皇帝，加上在后周时的那些不愉快，赵匡胤对韩通心里肯定是痛恨的，但他首先褒奖了韩通，并称之后俘虏的北汉宰相卫融、南唐的徐铉为忠臣，对向他进献后周小皇帝禅位诏书的陶谷则大加贬抑。这样人格分裂的行为，除了是一种政治手腕之外，更多的是一种对当时政治务实主义的考虑。

　　为此，宋太祖和赵普都非常现实地削除武将的权力，还特别强调对文治的崇尚和让大臣（包括武将）去多读书。宋初太祖十分频繁地去国子监、重视教师的同时，还重视图书典籍的积累与刻印。在此基础上，宋太祖下达了展现自己更高统治洞察力的一道命令，让武将都读书，虽然这种做法更多的是太祖的个人设想，但在军队中改变武将动不动就反叛这点上，让武将读书这个事算是成功的。

关于赵普对宋初法律规章制定的贡献，史书上没有明确的记载，但在南宋初年杨万里的一条记载里多少能反映出赵普的法治思想。话说宋初，太祖的后宫需要一批熏笼，所谓熏笼，是指放在炭盆之上用竹子做的罩笼，这个罩笼主要可以用来取暖或烘烤，也可以用来熏香和熏衣服。但皇帝同意了好几天，这批熏笼还是没有落实。一怒之下，皇帝叫来左右想要知道是怎么回事。这个左右一板一眼地说，按照规定，皇帝的内廷要采买日用物品，需要先给尚书省打报告，尚书省将报告下发本部后，本部再下发给本曹，本曹再发给本局，之后本曹要做好预算再回复上奏。经过这层层审批，最后要经宰相批准，才可以拨款采购、让皇宫内廷使用。宋太祖一听很生气，就叫来赵普说道："我还没当皇帝时，买个熏笼只需要几十个钱就可以，怎么现在做了皇帝，要买熏笼却这么麻烦呢？"赵普回答说："制度就是这样规定的，而且这条规定并不是为陛下您而专门设立，而是为陛下的后世子孙设立。陛下您的后代子孙如果不按照规定而动不动就需要制造奢侈品，进而浪费钱物，这样经过各个环节的审控，就得有人来劝谏。这就是这条规定这么繁琐的原因。"宋太祖听了非常高兴。通过这个故事，我们可以看出，赵普重视法制的作用，而且说明了制定法律的重要意义。

南宋初年，大臣吕颐浩曾经引宋太祖对赵普论事札子的批示提到，宋太祖说自己和赵普一起平定祸乱进而夺取天下，他们两人创立的法律制度，如果后世子孙都能严格遵守，即便是传一百世也是可以的。这就不得不提到一个在宋代历史上经常出现的名词——"祖宗家法"。而对祖宗家法的推崇，可以说是宋代政治的一个重要特点。

说到这里，我们先从宋代对皇帝的叫法说起。近几年和宋代有关的影视剧让过去一个相对陌生的词语——"官家"成为大家的熟知词汇。"官家"这个词起源很早，但好像从五代十国开始，这个词慢慢成为对皇帝的称谓。而宋代因为文化昌盛，"官家"更是成为最为流行的对皇帝的专称。我们知道，在中国古代历史上，对君临天下的统治者的称呼，更多的是用"皇帝"或者"天子"，"天子"起源于《尚书》这部先秦经典，"皇帝"则是由秦始皇统一六国后所创立。这两个称谓，毫无例外地都体现出君临天下的皇帝的高高在上。天子，也就是天帝之子，它不但表明这个位子是上天授予最高统治者的，更是表明坐这个位子的人与普通老百姓不同；"皇帝"是上古"三皇五帝"各摘了一个字的合体，秦始皇选择这个词作为自己统一六国后的称呼，正是觉得自己"德兼三皇，功过五帝"，虽然比起"天子"的君权神授的意味差一些，但确实有一种超越古人的不可侵犯的意味。

宋代皇帝在我们印象中普遍比较"文弱"，除了开国皇帝赵匡胤，可能大多数皇帝都普遍像个文人，而非高高在上的最高统治者。皇帝被叫作"官家"，少了"天子"这个称谓的神秘色彩，也少了"皇帝"这个称谓的远超前贤。官家的称谓，仿佛就跟我们称呼酒保是"酒家"、称呼开船的是"船家"一样，变成了与普通老百姓并列的职业类别。而所谓"官家"也和其他专门的"家"一样，有自己的任务，那就是率领官僚治理好天下的百姓。宋朝的祖宗之法，不但要求皇帝以修身、齐家为核心，逐步向治国、平天下加以延伸，还要求对皇权的约束，即"与士大夫共治天下"，这不但是对皇帝的一种约束，还逐渐形成了宋代相对仁慈、理性、温厚的政治传统。这也是我们印象之中宋代的皇帝普遍比较"文气"甚至"懦弱"的深层次原因所在。

赵普有很多政治思想，比如不相信天人感应，却相信天命。比如，赵普认为，改朝换代虽然都说是上天的命令，但实际上是取决于人心的向背；如果想要实现人心不动摇，就要让国家安定无事。经常发生的水旱等天灾都是"时运使然"，是自然的变化，而不是人的行为引起的，所以即使尧和汤这样的大圣人也避免不了。这其实也反映了赵普尊崇民本的思想，但矛盾的是赵普却喜欢结党受贿。当然这与赵普的政治思想放到一起，似乎有些扯远了。毕竟我们生活在今天，不能完全拿现代人的评价体系来评价一位封建士大夫。不能不说赵普与宋太祖对宋初政治的构建与他们的政治思想有着极深的联系，而这也深刻地影响着宋初某些重大政治事件的走向。我们知道，宋初的很多战略是宋太祖和赵普共同商定而实行的。这其中，就牵扯了一个很实际的问题，就是宋太祖和赵普的关系。同时，我们知道宋太祖的继承者是他的弟弟赵光义。在宋太祖朝，赵光义和赵普的关系又是怎样的呢？这三个大男人之间关系的变化也为我们了解赵普提供了另一个视角。请看下一章"君臣际会与恩恩怨怨"。

第七章

◎

君臣际会与恩恩怨怨

一、太祖与赵普

我们可以这么说，在宋太祖和赵普相识的过程中，前期他们是十分愉快的。赵普早年就已经进入赵匡胤的幕府，不但帮助太祖创立了大宋王朝，更是在宋初波澜壮阔的政治变幻中共同应对，实现了自己巩固和加强中央集权的目的，并成就了一段君臣际遇的佳话。但"花无百日红"，"天下无不散的筵席"，再好的关系，也会有一些矛盾，更何况"伴君如伴虎"。在皇帝身边，自然看到的、想到的会比一般人更复杂，这对历史上著名的君臣也还是没能将这段佳话延续到最后。这到底是发生了什么呢？

我们首先从五代到宋代的大背景来看，安史之乱后的唐后期，藩镇割据，武将跋扈，宦官干政，牛李党争，中央集权日渐衰落。到了五代，虽然各代君主都为加强集权做了一些努力，但不可避免的是，朝政还是受到一些权臣的掣肘。为了树立君主的权威，君主为了从权臣手中夺权，往往都采取杀害权臣的办法。比如后汉隐帝诛杀杨邠和史弘肇，后周太祖杀王峻和王殷等都是典型例证。宋太祖是开国君主，又是五代以来最年轻的开国之君，自然对驾驭权力和大臣更有自己独特的一套。

赵匡胤任用文臣，尤其是重要执掌，特别信任自己在后周做节度使前后的幕僚，除了我们的传主赵普之外，李处耘、王仁赡、楚昭辅、沈义伦等都是自己的旧部，而在新朝都受到了重用。但根据相关史实来看，随着自己权位的上升，赵普与这些旧日比肩的同僚们关系似乎并不和睦。

开宝六年（973）八月，赵普在独相近十年之后，被罢去宰相，离开东京去担任河阳三城节度使（驻孟州，今河南孟县南）、检校太傅、同平章事。当时，赵普52岁，太祖47岁。三年后（976）的十月，太祖猝然死去。太祖在位的十七年中，赵普执政时间长达十四年，但在太祖晚年，作为开国功臣，又被皇帝视为左右手一样的赵普却被罢相，没有与宋太祖走到人生的最后，原因是什么呢？其实这背后是两人复杂关系的变化过程。

赵普的罢相，从《宋史》赵普本传来看，直接原因是赵普接受了当时还存在的吴越国主钱俶贿赂的金瓜子，关键是这一行为被宋太祖发现、抓了现行。同时，赵普购买秦陇地区的木头，被人告发；再加上赵普包庇中书堂吏做的一些不法勾当，被人报告。最后史书记载赵普被罢相。从表面上看，似乎这三件事是赵普罢相的主要原因。如此说来，赵普是因为贪赃枉法而被罢相的了。但细究起来，其实这是《赵普传》使的"障眼法"。

自然，我们看到在宋太祖时期，虽然对贪赃之吏处罚得很厉害，并且屡屡下令训诫，但是仔细研究一下太祖时期受处罚的贪赃之吏的名单就可以发现，其中很少有中枢大臣。实际上，在太祖时期，贪赃行为虽然相当厉害，比如，太祖的弟弟开封尹赵光义，本身就接受过官吏的贿赂，也派人行贿收买大臣和将帅。作为太祖"兄弟"的石守信，曾因"杯酒释兵权"聪明地离开朝廷去担任节度使，之后也是到处聚敛贪污。太祖曾当作哥哥一样的赵彦徽，担任节度使后更是正事儿不干，就想着做贪官，然而太祖对他们并不曾过问。据记载，这些都发生在宋太祖在位时期，而且有的实际上就发生在赵普罢相前后不久。赵普真要是因为贪污受贿受到宋太祖的记恨而被罢相，似乎于理不合。

再说购买秦陇的木头，其实综合历史记载也并非只有赵普一个人。可以这么说，当时的贵要违反禁令去购买秦陇地区的大木头，进而建设私宅的，还是大有人在。比如，沈义伦就曾买过木头，给自己信佛的老母亲营造佛舍，也有人把这事报告了宋太祖。宋太祖也没有追究。开宝六年（973）五月，赵普在罢相前三个月，购买木头营建住宅，太祖也是允许的。那些任职地方的武将节度使们，太祖在收其兵权时，就鼓励将帅们买田置业；到了文臣做地方官和节度使时，贪点儿拿点儿，其实也没有犯宋太祖的忌讳。具体到赵普身上这些贪污受贿的案例，比如赵普接受江南送的银子五万两，是太祖允许的；受吴越金瓜子十瓶，太祖也见到了；营邸店规利，恐怕太祖也不会不知道。当然，赵普这样做，我们也不能说赵普就是贪财鬼，可能是学习西汉初年萧何的智慧，有一定自污的成分，这样可以让太祖不对自己有猜疑心理。毕竟一个人如果对物质欲望那么强，就会对夺取最高权力失去想法。明白了这一点，就会明白为何宋太祖在严惩贪赃之官吏的同时，又放纵一些自己相对信任的官吏进行贪赃行为。进而我们也就明白，宋太祖是不可能仅仅因为贪赃的缘故，就罢免赵普宰相之职的。

有一部史书里记载，"（赵）普忤旨而罢"。所谓"忤旨"，是指赵普忤逆宋太祖的意思。具体怎么忤逆呢？史书没有明确记载。倒是宋太宗晚年的一段话，似乎为我们认识赵普忤逆宋太祖，进而被罢相提供了一个认识的角度。

至道二年（996）七月，已经当上皇帝二十多年的宋太宗对宰执说："宋太祖当政时期，赵普在中书，他所拟定的命令（'堂帖'）比皇帝的命令（'敕命'）权威更大。"看到了吧，你作为一个宰相，你下的帖子，比皇帝的圣旨还好使，这可是任何一个有自尊的皇帝都受不了的。正所谓权高震主，这才是赵普被罢相的主要原因。

赵普与太祖的相识，在显德三年（956）。自从结识赵普后，赵匡胤顺风顺水，官封节度使、当上殿前都点检。赵普也因为自身出众的谋略和过硬的才干，迅速成为赵匡胤的心腹幕僚。到陈桥兵变时，赵普以谋主身份不但在台前实际操控着这场不流血兵变的具体指挥部署，更是亲自下场串联众将，使得在开封城外迅速凝聚成拥戴赵匡胤称帝的有生力量。北宋开国，赵普不顾自己是个文臣，跟着皇帝平定李筠和李重进两人的叛乱，更是首先进入枢密院，然后成为宰相，始终掌握着中枢大权。太祖对赵普极为信任和倚重，可以说是到了独步朝野的地步。赵普的妻子和氏，宋太祖都叫她嫂嫂；赵普的女儿，与宗室女子一样，被封为郡主。赵普担任宰相，太祖不愿设置次相来分解他的权力，以至于创设了一个无权的官职——参知政事作为副相来帮助赵普，事无大小，都与赵普协商后裁决。有一个故事就很典型，宋太祖与王仁赡说上几句话，就被赵普认为王仁赡中伤自己，宋太祖亲自劝解。这一方面反映出赵普的专横，经常怀疑有人在皇帝面前打自己的小报告不说，更重要的是赵普实际上是在干涉宋太祖对其他人的信任。另一方面，也反映了宋太祖虽然不满，但为了朝局稳定和赵普的面子而极力忍耐，不愿让外人笑话他们君臣不和睦，同时警告了赵普。王仁赡可是曾经与赵普一样，都是在刘词幕府中的老相识，他进入太祖的幕府还在赵普之前。赵普不但嫉妒人家，还恶语相向，足可见赵普的权势。

其实在开宝五年（972），宋太祖就有了一些"小动作"来开始着手限制赵普了。这一年二月，宋太祖以端明殿学士、兵部侍郎刘熙古守本官的同时，担任参知政事。这时，担任参政有三个人了。到了这年九月，太祖听说枢密使李崇矩与赵普相交结，把女儿嫁给了赵普的长子赵承宗，很不高兴，认为这是文武两个掌握最高权力的大臣结成朋党，进而架空自己。这时候正好有人告发李崇矩受贿，尽管事后证明是诬告，但宋太祖还是免掉了李崇矩的枢密使职务，让他到外地去做节度使。自从李崇矩被免外放，宋太祖与赵普两人之间的裂痕就已经逐渐公开化了。十一月，太祖扩大参知政事的权力，命薛居正兼提点三司淮南、湖南、岭南诸州水陆转运使事，吕余庆兼提点三司荆南、剑南诸州水陆转运使事，有了分割赵普权力的做法。

宋太祖对李崇矩的处理，反映出太祖对赵普与李崇矩的亲密关系的警惕和防制。赵普专权，招致宋太祖的不满。而赵普又去与枢密使交结成为儿女亲家，太祖怎能不猜忌、不怀疑赵普？皇权与相权之间的矛盾，历来就是中国传统社会最高权力斗争的主要矛盾之一。由此，太祖与赵普的亲密关系破裂了，君臣之间的裂痕也公开化了。赵普为相，位高权重，为政颇专，引起廷臣们及其政敌的忌恨，尤其是翰林学士卢多逊，他做知制诰时，就与赵普不对付。做了翰林，更是在皇帝每次召对他时，说赵普的短处。因此，赵普专权不法等行为，越来越多地被灌入了太祖的耳内，引起了皇帝更大的疑心。

到了开宝六年（973）三月，镇国节度使李崇矩被降职为左卫大将军。这实际上，也是削弱赵普专权，进而为罢黜赵普开启了第一波攻势。紧接着太祖重新选堂后官，这以往都是不怎么更换的，宋太祖这样做，是加强控制中书堂吏，以削去赵普的心腹爪牙。

又过了三个月，攻击赵普而被贬在外的一个大臣雷德骧，因为与知州不和，被抓住把柄上奏，又受处罚，被削去官籍而被迫迁往西北的灵武。雷德骧的儿子雷有邻，觉得这是赵普在打击其父，公报私仇，于是接连说了好几件与赵普有关的不法之事。而这几件事，事实上也确实都是宰相赵普包庇的结果。宋太祖听了很生气，特地下命令来核查这几件事。这也是太祖开始公开表示怀疑赵普专权行为。于是，太祖下令，让原先不太有权力的参知政事薛居正、吕余庆与宰相同议政事，以此来扩大参政权力，分赵普之权。结果，赵普包庇的那些人都被处罚了，太祖又让薛居正、吕余庆与赵普更知印、押班、奏事，进一步分割赵普的权力、瓦解赵普专权。

紧接着到了八月，太祖罢免赵普的宰相职务。由于赵普是开国元勋，影响很大，所以不但以"均劳逸"作为借口，同时还给予了"异恩"，让他作为使相出镇。号称忠厚长者的吕余庆，曾极力为赵普辩解，使太祖怒火稍息。在赵普罢相后，吕余庆在九月称疾求解职，自动辞职了。太祖封赵光义为晋王，赵光美、赵德昭、石守信、高怀德、王审琦并加官。赵普被罢相后，薛居正、沈义伦为相，卢多逊为参知政事。

综观太祖与赵普的关系，在显德、建隆、乾德年间，也就是从956年至967年的十几年间，两人是亲密无间的。但随着中央集权的加强，中书事权也大大加强，赵普自恃宠信，大包大揽，一些做法开始引起太祖的不满。于是，君臣之间，从过去的亲密无间逐渐走向互相猜忌、提防，终于走向决裂，作为掌握最高权力的皇帝是不允许身边有这样专权的大臣存在的，即便是以前多么亲密的大臣也不行。皇权与相权的矛盾及其发展，就是太祖与赵普关系变化的实质，也是赵普罢相的根本原因。

二、赵光义与赵普

赵普与太宗的关系其实也是分几个阶段变化的。赵普后半生的荣辱恩怨，更是与赵光义有着很大的关系。因此，我们把两者的关系分成了几个阶段。

我们先来看太祖前期赵普与赵光义关系的变化过程。太宗初名赵匡义，赵宋开国，宋太祖即帝位，为了避讳，将两个弟弟的"匡"字辈全改成了"光"，这样赵匡义变成了赵光义。他自己当皇帝后，改名为赵炅，那是后话。咱们在称呼他时,在后周时称其匡义,赵宋开国后则称光义,即位后称太宗。

赵光义生于后晋天福四年(939),与太祖赵匡胤都是杜太后生的,比太祖小12岁,都属猪,比赵普小17岁。

赵普与赵光义的相识,应当是显德三年(956)进入赵匡胤幕府以后的事。一些笔记将赵光义与赵普结识说得更早,于情理不合,主要赵普与赵匡胤结识都在这一年,而赵光义又比其兄小12岁,赵光义在后周末年还是个毛头小伙子,他与赵普两人是不可能认识的。

赵光义22岁时(960),参与陈桥兵变。史书上说,赵光义与赵普部署指挥,这实际是不可能的,更何况还有史书上记载,赵光义在发生陈桥兵变时,人实际上是在开封城内而不是在发生兵变的陈桥驿。兵变成功后,在建隆元年(960)正月,赵光义被擢升为殿前都虞候,领睦州防御使。紧接着五月,赵普随太祖出征李筠,赵光义被任命为大内都点检,开始留守京城。到八月,赵普为枢密副使,赵光义被封为泰宁军节度使。进而到十月,太祖南征李重进,赵普仍随行,赵光义为大内都部署,仍然留守京师。在这一段时间内,赵光义与赵普的关系比较密切,太祖征李筠,准备留赵普守京城,赵普通过赵光义请行,即是明证。而且,此时太祖兄弟的母亲杜太后还健在,她特别爱护自己这个小儿子赵光义,赵光义每次要外出,都会让赵光义"必须与赵书记(普)一起才行"。其实,赵光义是20多岁已经成家的人了,不可能还是年轻不懂事乱闯祸的。杜太后的意思,大约是要赵光义多与赵普亲近,一来可以学习赵普的为官之道,二来可以巩固和提高地位。因此，在建隆元年至二年（960—961），赵普与赵光义的关系较为密切。

建隆二年（961）六月，杜太后去世。到这年七月，太祖任命赵光义为开封尹同平章事，解除其禁军之职。自此以后，赵光义一直任开封尹，直到其即位。五代时期，以开封为国都的政权，继位人一般在即位前都封王，任开封尹，如周世宗柴荣，在即位前就为晋王兼开封尹。赵光义任开封尹，已隐然有继位人的地位了。但是，赵普与赵光义的关系却疏远起来。到乾德二年（964）赵普为相，地位在赵光义之上，独揽大权以后，两人的关系就更加不和，发生了明争暗斗的情况。

赵普与赵光义的密切关系，最晚到乾德元年（963）发生改变，并逐渐分道扬镳，两人关系越发疏远、恶化，最终变得水火不容。根据时间，具体有以下几件事可以管窥两人关系日趋恶化的端倪。

不让赵光义的岳父符彦卿统领禁军。话说建隆四年（963）二月，我们几次提到的符彦卿到京城来拜见皇帝，宋太祖想让符彦卿来统领禁军，最终被赵普以一句直戳宋太祖心灵的"陛下为什么辜负了周世宗"的问话，而使得皇帝最终放弃自己的初衷。符彦卿是什么人我们前面也说过了，他还有一个特殊的身份，就是赵光义的岳父。随着皇帝对掌握兵权的一些禁军高级将领通过"杯酒释兵权"的赎买方式，迫使他们放弃兵权，符彦卿也有样学样地不太处理政事，并且自己贪污，这点被宋太祖看在眼里，因此太祖又有意重用他。符彦卿在五代后期地位极高，如果让他统领禁军，只能被授予像殿前都点检、侍卫亲军都指挥使这样的禁军高级统帅，但这时已经是"杯酒释兵权"一年多之后了，那谁又能重提这个话题呢？想来想去有可能是符彦卿的乘龙快婿、当今皇上的亲弟弟赵光义所为。赵光义在"杯酒释兵权"之前担任过禁军的殿前都虞候，被免去军职后想让自己的老岳父出来执掌禁军，肯定是想通过岳父的威望为自己实现更大的政治野心铺垫的。但赵普从公心上来说，是防止符彦卿生出非分之想，进而谋朝夺位；另一方面，应该更是担心一旦赵光义的势力发展壮大，自己的政治地位就保不住了。

赵光义另外一位岳父李处耘被贬。话说还是建隆四年，宋太祖让自己曾以"兄事之"的慕容延钊和赵光义的另一位岳父李处耘率军平定荆南和湖南地区。结果两人在统军作战过程中出现了矛盾。到当年九月，李处耘被贬授予淄州（今山东淄博淄川区）刺史。其实，仔细看两人闹出矛盾的过程，慕容延钊和李处耘作为两位统帅其实都有过错，但从实际发生来看，慕容延钊被赦免了过错，而李处耘却被贬官，看来其中必有蹊跷。细细想来，这其中也有赵普的因素在左右。有记载说，有一个权臣与李处耘有矛盾，当时能被皇帝当成是权臣的，赵普应该具有比较大的嫌疑。再一个，话说李处耘的儿子叫李继隆，到了宋太祖在位的开宝末年，皇帝因为怀念李处耘而爱屋及乌地赏识李继隆，进而，为弟弟赵光义娶了李处耘的二女儿为妻子，推断发生时间都是在赵普被罢免宰相之后，再加上李处耘也是宋太祖幕府中人，资历比赵普深，如果李处耘在平定荆湖过程中立下大功，必然影响赵普的权位。所以赵普对李处耘的嫉妒导致李处耘被贬，进而招致赵光义对赵普的不满，这也是其中一个重要因素。

赵光义亲信石熙载在太祖朝因赵普亲信高锡谗言而被贬。话说赵光义在宋太祖朝当过一个职务——泰宁军（治所在今山东兖州）节度使，手底下有一名亲信叫石熙载，是泰宁军掌书记。后来赵光义担任开封尹，而石熙载担任开封府推官，结果因谗言被贬到节度使下再去当掌书记，一直到赵光义当上皇帝后，才重新被征召回京。从表面上看，高锡是因为两人的私人恩怨去说石熙载的不是，但实际上这位高锡可是赵普一党。而宋太祖居中调停，倒是两不得罪，把两位当事人都贬了，但从赵光义的角度上讲，是你的人先搞我的人，难免会对赵普有所记恨。

曾经是开封府判官的姚恕被杀。开宝四年（971）十一月，时任澶州通判姚恕被杀害后尸体被扔到了黄河。这事说来蹊跷，曾经是开封府判官的姚恕，早年在开封时曾去拜谒赵普，赵普正在跟其他客人吃饭，门人就没有通报姚恕求见的事情。姚恕很生气就走了，赵普听说后赶紧去道歉，姚恕不管不顾，可见姚恕的气焰也是很盛，而此时赵光义与赵普双方的矛盾已经比较激化了。这中间其实还牵扯了宋太祖的舅舅和宋太祖对赵普的不满，虽然不敢说姚恕最终被杀是赵普故意使坏，但这件事情发生后，赵光义对赵普的不满肯定是有增无减了。

前面我们说到，赵普最终被罢相主要是因为专权，进而影响了宋太祖的皇权，是皇权与相权矛盾斗争的结果。但值得注意的是，赵光义的地位，却随着赵普的罢相有了很大变化。

我们先看一看赵光义地位的升迁变化：赵普在担任枢密直学士和宰相期间，赵光义于建隆二年（961）七月担任的是开封尹，也加同平章事的职衔。到乾德二年（964），赵普担任宰相半年以后，更是身兼中书令。再到开宝四年（971）七月，宋太祖赐给开封尹赵光义门戟十四支，这是一种提高政治待遇的表现，但本职仍然还是开封尹。直到开宝六年（973）八月赵普罢相止，从宋朝开国到这一年，十三年间，赵光义的地位没有多大提高，始终没有被封为亲王，也未完全取得继位人资格。而到了赵普罢相后的九月，赵光义很快就被封为晋王，接着宋太祖让弟弟晋王赵光义位居宰相之上。细细盘点，我们发现赵普被罢相后不到一个月，赵光义就得以封王、位居宰相之上，这是用事实说明了赵光义多年地位原地踏步，甚至不得封王最大的阻力正是来自宰相赵普。随着赵普的罢相，赵光义迅速跃居亲王，地位更是一人之下、万人之上，仅次于自己的皇兄宋太祖。《宋史》赵普本传记载了一件事情，说在赵普死后的淳化三年（992）七月，宋太宗对身边的大臣说，赵普一向和我有一些不对付的地方。到底什么事情使这两位不对付，史无明言。但能使太宗耿耿于怀，到赵普去世，已经贵为皇帝的太宗还是念念不忘，那么除了继位大事以外，还能有什么呢？《宋史》里面有一句话，挺值得玩味。说宋太宗曾经假意把将皇位传给弟弟赵廷美的想法告诉赵普，赵普说了一句，太祖皇帝已经犯了一次错误，皇上您怎么还要再犯呢？根据这一记载，有人推断赵普在太祖时曾经跟太祖说过，反对确立赵光义作为他的继位人。某种情况下甚至可以说，赵普的罢相，主要原因虽然是赵普喜欢独揽大权，与皇帝乃至其他大臣产生了不可调和的矛盾，直接原因应该是受到政敌卢多逊的攻击。赵普罢相后，卢多逊升任参知政事，而赵光义则完全确立了作为其兄太祖皇帝继位人的地位。

其实赵普身上有一种英雄气概，这种英雄气概使得他能在需要挺身而出时不顾利害，甚至不念个人得失，哪怕在皇帝面前据理力争也不为权势所动。这表现在宋初朝局上，就是赵普在宋初不但权倾朝野，并且被一班武将所敬重、所佩服，其地位和影响可谓举足轻重。为此，他坚定不移地推行着自己的改革主张；也为此，他敢同皇帝和皇帝的弟弟叫板。太祖既然不采纳他关于继位问题的意见，又完全不能说服赵普，只好不再留他在朝为相，否则，赵光义仍然继承不了皇位。试看太宗去世后，宰相吕端在立真宗问题上的决定性作用，便可以明白这点了。况且，吕端的权势、地位、影响都远不及赵普。赵光义为晋王兼开封尹，正是周世宗柴荣即位前的官职；赵普这个元老重臣罢相出朝后，赵光义的继位人地位最终得以确立并稳固。三年以后，发生了"烛影斧声"之事，赵光义登上了帝位。

三、"金匮之盟"事

时间来到开宝九年（976）十月，宋太祖猝死，赵光义以晋王的身份继位，是为宋太宗。这时候的赵普还在当着他罢相后的河阳三城节度使。宋太宗即位不久，派少府监高保寅知怀州（今河南沁阳）。高保寅是五代时荆南国君高保勖的弟弟，而怀州是河阳三城节度使管辖的支郡，赵普当时正是河阳三城节度使。高保寅素来就与赵普有矛盾，他到任不久，就借口做事老是受到赵普的掣肘，从而以退为进，上疏新皇帝说自己要辞去职务。宋太宗见到奏疏，立即下诏让怀州直属京师，长吏得自奏事。赵普一看情形，高保寅越级上报并且得到了皇帝的支持，自知情形不妙，就请求到京师朝见新君，在得到允许后，于十二月到了开封。

到第二年（太平兴国二年，977）三月，赵普请求留在开封参加太祖的安葬仪式，宋太宗便罢免了赵普的节度使身份，任命赵普做太子少保留京师。赵普毕竟原来与宋太宗有矛盾，始终心怀畏惧，就请求解除职务以避祸，宋太宗也不是什么豁达的人，对赵普也是心存猜忌，早想罢免赵普了。

又过了一年多，太平兴国三年（978）十一月，宋太宗祭祀天地以后，给百官加官晋爵，赵普被任命为太子太保。太平兴国四年（979），赵普跟着宋太宗攻打北汉。攻克太原后，宋太宗想一鼓作气，企图收复幽州，又亲自率军北伐契丹，没想到契丹不如北汉好打，最终兵败高梁河。后来开始封赏各位文臣武将灭掉北汉的功劳，唯独赵普却有意无意地被忘掉了。可见，这位前朝老臣，在新君刚刚即位的几年里，处境很不好。不仅太宗给予冷遇，他的老对头卢多逊更是对赵普多方打压，就是不让他过得舒坦。

话说卢多逊早就与宋太宗关系匪浅，宋太宗成功当上皇帝后，卢多逊升为宰相，当时很受宠信，权重一时，甚至群臣上章疏，都必须先交到中书，由卢多逊审阅后，才交给太宗看。老赵普看到卢多逊，有没有想起当年宋太祖对自己的宠信我们不得而知，但赵普的生活已经和宋初不可同日而语了。卢多逊在当宰相时，对赵普以及他的儿子、亲属朋友都有所打击，正所谓一荣俱荣、一损俱损。赵普的随从者，此时大都开始离开他另谋出路去了，只有王继英一个人仍然忠实地追随着他。我们前面说过，赵普的妹夫叫侯仁宝，他在开宝六年（973）四月，赵普即将被罢相时，被卢多逊在太祖面前打了小报告,被贬去了西南边境的邕州(今广西南宁)。宋太宗登上帝位之后,卢多逊更是权势熏天,所以侯仁宝在西南边境一待就是九年,直到太平兴国五年(980)。侯仁宝也上了年纪,害怕老死在邕州这个相对贫困的地方,于是就给皇帝上疏请求攻打交趾,其实是想借机回京,进而请求留在开封不再回来,但卢多逊看穿了侯仁宝抖的机灵,就是不同意侯仁宝回京。卢多逊直接顺水推舟,你不是要去攻打交趾嘛,好,索性我就建议皇帝命令你侯仁宝直接率师攻打。也算是"天遂人愿",结果在太平兴国六年(981)三月,侯仁宝最终"出师未捷身先死",死于白藤江口。妹夫的遭遇,折射出赵普当时的处境,也可见赵普当时是多么的郁闷和愤怒。

就在此时,出现了所谓的宋太宗的弟弟赵廷美悖逆之事,宋太宗特别需要一位元老重臣来帮助他安定局势,正是在这样的朝局环境下,赵普反而"咸鱼翻身",重新登上了相位,结束了受冷落的压抑生活。太宗为什么要让赵普复相呢?因为赵普是有举足轻重影响的开国元勋,并且又愿意为太宗效力。

我们看看在卢多逊与赵普的明争暗斗中,几位大臣的态度,就可以清楚,虽然卢多逊扳倒了赵普,但论根基和影响,卢多逊还是远不及赵普的。话说宋太宗即位后,卢多逊作威作福,专权太甚,简直是赵普在太祖时期的翻版,但其能力并不如赵普,而专权程度反而比赵普更厉害。宋太宗呢,本身就是个多疑寡恩的人,他的豁达程度更是不如已经去世的老哥宋太祖,怎能够长期容忍卢多逊呢?况且,太宗正准备置赵廷美于死地,然而卢多逊和赵廷美走得挺亲近，这怎么能让宋太宗舒服得了？在疑心的唆使下，宋太宗对卢多逊的疑虑也与日俱增。在这种情况下，宋太宗想起了赵普，或许是想起了赵普当年是怎么对付他，让他当不了皇位继承人。现在攻守之势转换，他需要利用赵普这方面的技能，来阻止赵廷美和卢多逊的"勾结"。想到这里，宋太宗决定照方抓药，重新起用赵普这位元老重臣，企图借他的声望与影响，来帮助自己打击也想成为皇位继承人的弟弟赵廷美。于是，太宗贬黜卢多逊，也就顺理成章、水到渠成了。赵普在身家性命岌岌可危的情况下，也敏感地认识到，自己要想摆脱困境、"咸鱼翻身"，必须得借现任皇帝对自己的信任，而要取得宋太宗的信任，不拿出点儿"硬本事"是不行的。于是，赵普看中时机，打出了"金匮之盟"这张王牌，向太宗表示效忠，终于东山再起了。

赵普清楚地知道这时候的皇帝宋太宗在继承皇位的合法性和扳倒权臣卢多逊这一体两面的事情上需要自己，为此，赵普的条件，一是要复相，二是贬黜权幸——主要指卢多逊；其代价是献上"昭宪顾命"——即"金匮之盟"。而这个"金匮之盟"，是随着赵普的复出而出现的。

所谓"金匮之盟"，是指史书里记载当年杜太后病重之际，太祖赵匡胤在旁侍疾，临终时召赵普入宫记录遗言，交代未来的皇位继承问题，劝说太祖赵匡胤死后传位给自己的弟弟而不是儿子。这份遗书藏于金匮之中，因此名为"金匮之盟"。

宋太宗即位后，听到了卢多逊一些话，非常生气，就召赵普过来当面盘问。赵普说，太祖如果听了老臣的话，那么我今天就见不到皇帝陛下您

第七章 君臣际会与恩恩怨怨

了（意思是您就当不上皇帝了）。然而先帝已经犯了错误，陛下您就不要再和先帝一样再犯类似错误了，一下子就说到了宋太宗的心坎里了，所以宋太宗重新起用了赵普。

说到这里，我们需要回顾一下太宗即位后的形势演变情况，看看太宗统治的危机到底有哪些。话说在宋太宗继承自己兄长的帝位这件事上有一种说法叫"烛影斧声"，宋太宗是否暗害了自己的兄长姑且不讨论，但不争的事实是，宋太宗以非常手段登上帝位后，夺位之嫌，疑惑丛生，人心不服，以致朝野上下有些流言让贵为九五之尊的皇帝宋太宗都想找到自己继承皇位的合法性所在。有鉴于此，太宗就想着得有一个东西，让内外臣子信服，安定人心，进而能巩固自己的统治地位。

太宗即位后，首先表明遵循宋太祖旧制的号令，表示自己确是在继承太祖的事业，而不是要悖逆先帝的意志，这也是安抚太祖时期旧臣的套路。对于皇室内部和宰相执政大臣，宋太宗也尽量采取措施加以安抚。他学习兄长宋太祖，封自己的弟弟赵廷美为开封尹兼中书令，封齐王，以示与太祖时相同，皇弟封王尹开封。又加封宋太祖之子赵德昭为永兴军节度使兼侍中，封武功郡王。并且诏赵廷美、赵德昭并位在宰相上。又封太祖另一子赵德芳为山南西道节度使、同平章事。宋太宗同时下令，让赵德昭、赵德芳及太祖三女都继续称皇子、皇女，弟弟赵廷美的儿女也称皇子、皇女。晋封太祖的三个女儿：昭庆公主为郑国公主，延庆公主为许国公主，永庆公主为虢国公主。同时，宰相薛居正加左仆射，沈伦（也就是沈义伦，因为宋太宗原先的名字叫赵光义，要避讳）加右仆射，参知政事卢多逊为中书侍郎平章事，枢密使曹彬加同平章事，枢密副使楚昭辅为枢密使。借此以稳固朝局。其实，这五个人之中，真正升官的是卢多逊和楚昭辅两人，而这两个人早年就和宋太宗关系密切。

宋太宗早在宋太祖让自己做开封尹时就开始特别注意大力提拔和培植亲信。当上皇帝后，他在开封尹时期的亲信程羽、贾琰都得到了迅速提拔。其余的幕僚，要么进入禁军，要么掌握内职。

提拔完自己在幕府时期的人，宋太宗就想到可以利用科举考试来笼络读书人的心。于是从他继位的第二年，也就是太平兴国二年（977）正月开始，进士及诸科等共录取五百人，其中进士就达一百零九人以上。宋太祖时期一共取进士一百八十余人，一科最多也就取三十一人。宋太宗即位后的第一次取士人数就一百多人，这个增长率简直可以说是井喷了，单年取士人数超过太祖时的最多数两倍多，相当于太祖时期全部进士数的60%。人数多且不说，这些被定为第一、第二等进士被授予的官职，相比于宋太祖时期也高了很多。通过这样一套笼络士人的办法，宋太宗的目的大概就是想急于培植这些"天子门生"成为亲信，并掌握地方大权，进而巩固其政权。此外，对于宋太祖在临终前要治罪的大臣申文玮、韩可玭，太宗表示既往不咎。宋太祖时想当官而被贬抑的孔承恭，宋太宗即位后予以赦免且让他官复原职，以此收买人心。

宋太宗在即位前后利用道士，制造了许多天命所归的符谶。为防他人袭用，在开宝九年（976）十一月，刚刚即位连一个月都没有的宋太宗，就下令让天下的州县四处搜寻懂得阴阳术数的这种人。如果明明知道这个人会天文术数，而不把他送到京城自己这里，胆敢私自藏匿的人就在闹市执行死刑并陈尸街头，如果谁举报，就赏赐铜钱三十万。太宗为提高自己的威望，采取了种种手段，最终太宗的地位逐渐巩固，威望逐渐上升，政权日益稳定了。

同时，宋太宗在加强集权方面采取了一项重要措施，就是禁止藩镇回图贩易。这项措施，从表面看，是削夺藩镇权力，有利于国家统一。其实，仔细分析一下，情况却不是那么简单。到太宗初年时，各镇节度使，除西、北两方面以外，基本上已经没有多大权力。所谓太祖时期没有杜绝回图贩易，主要表现在对边境诸将上，这实际上是一种类似"赎买"的行为，宋太祖通过给予边境守将这种特权，让边境诸将安心守边，以便自己巩固统治。到太宗时期，皇帝则开始禁止回图贩易，主要针对的是边境诸将。施行这种政策的结果，反而使得守边的将领在宋太宗中期，面对契丹南下而作战不力。其实这项措施，除了主要是由于宋太宗对边将不放心，也跟他想增加中央的财力有关。太宗初年的专卖管制范围扩大，置江南榷茶场，置诸路茶盐制置使，禁铜，禁海买，榷酒酤，定矾法，以增加专卖收入，同禁止回图贩易的目的有些相同。

太平兴国二年（977）八月，太宗下诏将一系列原属于节度使的支州直属中央，于是节镇基本不再领有支郡了。这是太祖时期同一措施的继续，节度使的行政权力进一步被削夺。

宋太宗一系列措施，恩威并用，实际上是为了稳固自己的地位，并对外表明取得皇位是合法的。但事实上真能让大家口服心服吗？未必！

宋太宗在安定人心方面做了一系列工作以后，局面大致稳定，就开始着手完成自己老哥太祖未竟的统一事业。眼下所面对的，一个是始终很听话的吴越政权，一个是始终很不听话的北汉政权，当然还有被契丹始终占领的燕云地区。宋太宗认为如果收复这些地区，那么自己肯定会从风评上超过皇兄太祖的业绩。

太平兴国三年（978）三月，吴越国王钱俶到京朝见宋太宗，宋太宗故意将其留在开封而不放回去。到四月，另外一个平海军节度使陈洪进见到这一情况，于是也到京朝见，献出了自己割据的漳州、泉州十四县。熬到五月，钱俶无奈，也只好上表，献出吴越管辖的十三州、一军、八十六县之地。这样，宋太宗几乎没怎么耗费力气，就完全消灭了南方的两个割据政权。然后，他的目光又转向了北方的北汉——那个曾让自己的兄长失意的太原城。宋太宗刚即位不久，就对赵廷美表决心说，太原我一定会拿下来的。于是，他经常亲自检阅禁军士卒，学习兄长的做法，让那些健壮的做禁军，老弱的遣散到外州，而且他命禁军加强训练。这都是在为进攻北汉做充足的准备。在经过充分的各种准备后，到太平兴国四年（979）春天，宋太宗御驾亲征，率领大军进攻北汉。连续多年被宋军折腾、早已遭受严重打击的北汉，在唯一的外援——契丹援军被打败后，就无力再战。撑到五月，北汉的皇帝刘继元开门投降，太原终于落到宋军手中。北汉被灭以后，十国最后一个政权终于完结。宋太宗踌躇满志，欣喜若狂，不顾军队已经是久战之师和大臣将领们的反对，下令继续往北进攻，攻打契丹，企图一举完成周世宗和宋太祖都未完成的事业，也就是收复燕云之地，进而创造超过太祖的功业,像当年周世宗高平之战以后一样,可威震群臣。有一段记载,说宋太宗平定了北汉,心里非常高兴,还创作了一首《平晋歌》,命令大臣来唱。宋军乘胜继续北征契丹,当时所虏获的北汉妃嫔都跟着皇帝继续北伐。可没承想,宋朝皇帝加将领全军在高梁河大败。高梁河之败,对宋太宗来说,是一大耻辱,以至于有记载说宋太宗在逃跑回京的过程中腿上中了两箭,到了晚年还时时发作,最终是坐了一辆驴车才躲过辽军的追杀。所以回到京城后很长时间不封赏攻下太原、灭掉北汉的功臣。而且更意想不到的是,在北征中又发生了拥立宋太祖之子赵德昭的事情,这让宋太宗深为忧惧。导致回朝后,太宗不是整顿军纪,加强训练,以图再举,而是忙于进行内部的整治工作。

关于拥立赵德昭之事,当时的笔记记载,赵德昭被封为魏王,是宋太祖的长子,跟着叔叔宋太宗攻打幽州,因为夜里契丹袭击,军中惊吓,又不知宋太宗在哪里,大家一时手足无措,想立赵德昭为皇帝。幸亏不久就知道了宋太宗的下落,才停止了这个做法。

太宗这次出征,宋太祖时期的旧臣宰相沈伦为东京留守兼判开封府事,王仁赡为大内都部署。赵廷美和宰相薛居正、卢多逊以下的大臣,都跟随他一起出征,就连赵普也在军中。然而,没想到被契丹打败的军队之中,竟然还有人拥立赵德昭,这说明对太宗不满而怀念太祖的力量是何等之大。由此,太宗看到,对他地位最大的威胁在于赵德昭兄弟。于是,宋太宗回朝不久后,就在八月逼迫侄子赵德昭自杀,赵德昭当时才29岁。又过了两年,到太平兴国六年(981)三月,年仅23岁的赵德芳又不明不白地死去。太宗的两大心腹之患去掉，他可以专心致志地对付自己的弟弟赵廷美了。

四、指向赵廷美

太祖的儿子赵德昭、赵德芳都已死去，太宗的打击矛头便指向了开封尹——弟弟赵廷美。赵廷美，原名赵匡美。宋太祖登上帝位后，改名赵光美；太宗即位，又改名赵廷美。廷美生于后晋天福十二年（947），比太祖赵匡胤小20岁，比太宗赵光义小8岁，比太祖的儿子赵德昭只大4岁。

太祖、太宗和赵廷美三人都是杜太后所生，是亲兄弟，这本来毫无争议。但在赵廷美被迫害致死后，赵普又出镇邓州时，宋太宗对宰臣说，赵廷美不是他的亲兄弟，而是他的乳母耿氏所生。有人说，这是宋太宗为自己迫害弟弟赵廷美开脱，事实也确实如此。

宋太宗继位后，首先让赵廷美以亲王尹开封，位在宰相上，却是安抚人心的办法。太宗、赵廷美尹开封都是一个意思，也就是让弟弟做继承人的意思。但随着赵德昭、赵德芳相继死去后，赵廷美的实际继位人的地位，就成了宋太宗的一桩心病。

太平兴国六年（981）九月，太宗的心腹——柴禹锡等人，看到了自己主子的心意，或者就是受太宗的暗示，联名状告赵廷美骄傲狂妄、多行不法的事情，这实际上表明太宗已决定对赵廷美下手了。

当时，排名第一的宰相薛居正已经去世，排名第二的宰相沈伦因病休养，中书大权由次相卢多逊独掌。太宗想要加害赵廷美，实际上是看到卢多逊与赵廷美交往密切，又担心卢多逊专权，危害到自己的皇权。于是，赵普这位元老重臣便受到重视。在柴禹锡等人状告赵廷美后，宋太宗召见赵普，其实就是想争取赵普的帮助，利用赵普搞倒卢多逊，进而废除赵廷美的继承人地位。

从上述赵普复出以前朝廷形势的演变，就可以清楚地看到，赵普的复出，是在太宗接连逼死赵德昭、赵德芳两兄弟又准备对赵廷美下手之时，以便能传帝位于儿子的情况下，被寄予安定人心、稳定局势的厚望。这是宋太宗的现实需要。赵普则因久被冷落，备受压抑，也正想着自己能东山再起，恢复权位，因此也愿意为太宗效力。这样，二人一拍即合，赵普再次担任宰相，所谓"金匮之盟"也就应运而生了。

关于"金匮之盟"的记载虽存于许多书籍中，但都含糊不清，有自相矛盾之处。我们先看看北宋最权威的史料《续资治通鉴长编》中的记载吧。

一种说法是发生在建隆二年（961）。当年，杜太后生病，知道自己大限将至，时日不多，于是把兄弟三人叫到床前，问赵匡胤说："你知道你为啥能取得天下吗？"赵匡胤哭着回答说："是祖上积阴德所致。"杜太后说："不对，你能得天下，是因为周世宗柴荣将帝位传给了小孩，小孩掌天下，你才有机会获得天下。如果不是小孩执掌天下，你是不会这样获得天下的。天下事纷繁复杂，你在去世后，将帝位传给光义，光义传于光美，这样年纪大的继承人掌天下，天下方能安定。你记住我的话了吗？"赵匡胤悲切地哭道："我将牢记您的教导。"杜太后说："把赵普叫来。"赵普应召来到，太后把前面一番话重说一遍，并让赵普用笔书写下来，署上"臣普书"。交代锁在柜里，派专人看管。交代完后，杜太后便离开了人世。这个遗嘱史称"金匮之盟"。

一种说法是发生在开宝六年（973）。赵普被罢免宰相到地方去做节度使，自己上奏皇帝，说："外人都在说开封尹，也就是皇上的弟弟赵光义忠孝两全，非常有品德，怎么会有造谣中伤呢？当年杜太后弥留之际，我实际上听到了皇太后她老人家的遗命。"皇上亲自密封了他的上奏，并藏到了柜子里。

因此，所谓"金匮之盟"，就是杜太后要太祖传位给自己弟弟的遗命。建隆二年（961）、开宝六年（973）、太平兴国六年（981）三次提到"金匮之盟"时，都和赵普有关。第一次说是赵普手书遗命，后两次是赵普分别上书太祖和太宗，提到有"金匮之盟"。所以，"金匮之盟"是和赵普分不开的。赵普与"金匮之盟"的关系，确实密切。

在漫长的传统社会中，历宋、元、明、清而很少有人怀疑"金匮之盟"的真实性，而且常被用来称颂太祖无私心。其实，这是一个地道的伪造品。有的学者详加考证，指出了"金匮之盟"有五大破绽，断为伪造。这五大破绽是：

从年龄上推断：杜太后死时，太祖35岁，赵德昭11岁，杜太后怎么会预计到太祖死时，赵德昭仍是幼童呢？如果按照有些笔记史料记载的传位顺序，由太祖传赵光义，赵光义传赵廷美，赵廷美再传至赵德昭，一般要四十年以上，则赵德昭已过50岁，到时候都不一定活着。所谓"国有长君"，这从何谈起？这一点实际上是"金匮之盟"的致命破绽。

太祖将盟约一直深藏不露，唯恐天下人听说，直到太祖死时，太宗也不知道，赵普也不敢泄露。一直到宋太宗都当了五六年皇帝的太平兴国六年（981），太祖死后五年，太宗的两个侄子，也就是太祖的两个亲生儿子都死了，又将逼死自己弟弟的时候，才公之于世，这是很值得怀疑的。

赵普既然是署名盟约的人，在太祖时不敢泄露还可以理解，为什么到太宗即位时还不敢宣布呢？为何还要蹉跎五六年之久呢？

"金匮之盟"最初记载在宋真宗（宋太宗的第三个儿子）咸平二年（999）重修的《太祖实录》（即新录）里，说杜太后说临终遗言时，宋太宗也在场。但是太宗即位时他不宣布，初修的《太祖实录》（即旧录）也不记载，可知太宗初期就知道这个事是假的。这"新录"中有关"金匮之盟"的记载，就又多了一个破绽。

"金匮之盟"，是密约；赵普上疏自述，太祖藏之金匮，也是秘密文件；赵普在太平兴国六年的自述，也是密奏。为什么秘密如此之多呢？秘密所关系的人，除死无对证的杜太后与太祖以外，只有赵普与太宗两人。除了他们两个人外，无人能够揭破"金匮之盟"的真相。这本身有没有两人密谋的成分呢？这五大破绽，已无可置疑地说明"金匮之盟"是伪造的，出现时间是在太平兴国六年。作伪的人，从种种迹象看，就是赵普，其目的是向太宗表示效忠，是为太宗找到一个合法的继位根据，借机恢复自己的权位，进而搞倒被宋太宗迫于形势立为继承人，而实际上又不想让他继位的赵廷美。

最终，赵普的目的达到了。太平兴国六年（981）九月，赵普复相，为司徒兼侍中,而他儿子赵承宗,也被留在了京师。这之后的历史又是如何演绎的呢?

第八章

◎

再相三相与太宗政治

前面我们说到了太宗与赵普的关系和"金匮之盟"时，赵普捏造"金匮之盟"的目的是想再登权力的巅峰，他目的已经达到，那宋太宗的目的呢？

一、赵廷美之死

太平兴国六年（981）九月，时年60岁的赵普第二次出任宰相。此时，原来排名第一的宰相薛居正已经在三个月前病逝，排名第二的宰相是沈伦和卢多逊。赵普复出为相，是继任首相，位子本来就在沈伦和卢多逊之上。正所谓一石激起千层浪，赵普再次出任宰相，很明显地改变了朝局和政局。第二天，秦王赵廷美一看形势不妙，请求自己的位次在赵普之下，太宗也同意了。赵普的再相，着实让赵廷美感受到了压力。

太平兴国七年（982）三月，金明池的水心殿修成，太宗正准备在池子里泛舟往游，有人出来告发秦王赵廷美。于是，赵廷美被罢去开封尹，任命为西京留守。到四月，又有人因为和赵廷美串通，被责降。不久，卢多逊被处治，赵廷美被勒归私第，隶属于赵廷美的秦府官吏赵白等六人被斩，家财被籍没。宋太宗也收起了他刚即位时玩儿的把戏，诏命赵廷美的儿女不再被称为皇子、皇女；女儿不是公主，那女婿也就不是驸马都尉了，并被发遣西京。被斩杀的赵白的两个兄长——著作佐郎赵和、光禄寺丞赵知微及亲属也被发往沙门岛禁锢。紧接着，降赵廷美为涪陵县公，到房州（今湖北房县）安置，派亲信知房州，以监管赵廷美。继赵廷美后做开封尹的李符与太宗关系密切，他为迎合太宗，上书攻击赵廷美，为太宗除去心病助力，这里没有赵普的唆使。那时候，赵普刚刚复相不久，朝野内外多是太宗亲信，以赵普的谨慎，是不会随意交通知开封府的，唆使其上言好像也没必要。两年后的雍熙元年（984）正月，38岁的赵廷美在房州死去，太宗终于除去了一块心病。

传统史学家都认为，赵廷美的死，赵普要负主要责任。其实这是为宋太宗背锅之说，宋太宗才是害死自己亲弟弟的元凶。传统史学家是由于他们要为皇帝避讳，不敢指斥，所以找了个替罪羊赵普。也就是说，害死赵廷美的主犯就是太宗自己，赵普只是从犯而已。

赵普因献"金匮之盟"和太宗稳定局势的需要复相后，太宗比较优待他。不久，赵普被封为梁国公。一荣俱荣，太平兴国七年（982）二月，封燕国长公主长女为高平县主，次女为真宁县主。高平县主就是赵普的儿媳，赵承宗新娶一年多的妻子。

第八章　再相三相与太宗政治

此时，赵普的政敌一一被他压制了下去。太平兴国六年（981）十一月，枢密使楚昭辅被罢为左骁卫上将军。第二年二月，宣徽北院使、判三司王仁赡罢为右卫大将军；向太宗悔过的宋琪，因帮助王仁赡，也被贬官。

至于老对头卢多逊，赵普自然更不放过了。赵普为首相后，对卢多逊说："我现在再次当宰相，你肯定不能和我一起当。你想保全自己，只有向皇上上奏辞职吧，不要有所疑虑了。"卢多逊不听，反而去上报太宗：皇上您如果不更改主张（指换宰相，让赵普当宰相），我就要遭到赵普的毒手。宋太宗一看很是生气，竟然还敢对我下命令，于是下令罢免卢多逊宰相职务。赵普上奏说，请皇上免掉卢多逊的兵部尚书再罢相。太宗没有允许，并将卢多逊上的章奏拿给赵普看。后来，卢多逊因为交通秦王赵廷美的事被贬谪于崖州。

卢多逊不知道，因为他"恣行不法，无所避忌"，专权过甚，早已招致宋太宗猜忌；而赵普正为太宗信用，所以还想与赵普较量一下，不肯如赵普所暗示的那样，自动退休。赵普本来只要卢多逊退出政坛即可，就像刚刚说到的楚昭辅和王仁赡那样，并不想置卢多逊于死地。卢多逊流放崖州时，曾经有大臣劝赵普将卢多逊安置在气候极为湿热的一个地方，这本是一个置卢多逊于死地的办法。但赵普听后，并未采纳，而是仍将卢多逊流放到崖州去了。

赵普将卢多逊与赵廷美联系起来打击，一是迎合太宗逼死赵廷美的愿望，二是与卢多逊较量。卢多逊与赵廷美交通的事一揭发，太宗果然大为恼怒，下令投入狱中审查。结果，当然是赵廷美的属吏和卢多逊都认了罪。

太宗下令文武常参官集议朝堂。为了显示自己宽宏大量，勒令赵廷美回家反省，卢多逊则被削夺官爵，与家属一道流放到崖州。从此以后，卢多逊一直住在崖州，并死在那里。整个太宗朝时期，卢多逊始终没能东山再起。卢赵之争也就以卢多逊失败而告终。

卢多逊和赵普的争斗，并不是关乎国家大政方针的不同。他执政及为相的九年内，施政方针和赵普为相时并无不同。由此可见，卢赵之争更多是意气之争，而不是政见不同。卢多逊扳倒赵普，主要是为了自己获取更高权位。同样，赵普打倒卢多逊，流放崖州，也是出于个人恩怨。因此，卢赵之争，是宋初两大权臣的权力之争，并不关乎国家大计。在这场争斗中，开始卢多逊占上风，终至失败；赵普虽受挫一时，而终获胜利。这其中的根本原因，是赵普的根基和影响远非卢多逊能比。

赵普再相后，太宗虽因其有效忠之力，比较尊宠，也除去了赵普的几位政敌。但是太宗与赵普毕竟有矛盾，对赵普始终是有猜忌的，而且在流放了专权的卢多逊以后，他也不能容许再由赵普专权了。

太平兴国七年（982）三月，中书还是赵普、沈伦、卢多逊三人为相，太宗即任命自己的旧臣窦偁和郭贽为参知政事，厚赏告发赵廷美的心腹。四月，卢多逊流放，沈伦罢相；七月，太宗开始封自己的儿子为王、为官。其中长子赵德崇为卫王，次子赵德明为广平郡王，赵德崇检校太傅，赵德明检校太保，并同平章事，诏令卫王和广平郡王轮日往中书视事，实际使中书又增加了两位权相。太平兴国八年（983），再起用已表示悔过效忠，且曾在一年前被赵普贬谪过的宋琪为参知政事。这年十月，太宗将儿子的排行字,由"德"改为"元",长子赵德崇改名赵元佐,晋封楚王;次子赵德明改名赵元佑,晋封陈王;第三子赵德昌改名赵元休,封韩王;第四子赵德严改名赵元隽,封冀王;第五子赵德和改名赵元杰,封益王。五人并同平章事。同时,罢去了赵普的宰相职务,出为武胜节度使兼侍中。这一年,赵普62岁。也就是说,赵普第二次为宰相总共也就不到两年。到十一月,以宋琪、李昉同平章事,令楚王赵元佐等五王同日赴中书视事,以李穆、吕蒙正、李至三人为参知政事。于是,中书等于有七相三参,中书事权更受到牵制与分割,宋太宗的君权得到加强。

赵普再次出任宰相后,虽则太宗兴起大狱,逼死赵廷美,封自己的儿子为王,但他的政权还是稳固的,所以他敢于自诩风尚过于太祖时期了。不难想到,赵普献出的"金匮之盟"及赵普的为相,起了多大的稳定作用。而政权一旦稳定,功高望重、声威煊赫的元老赵普,也就不能安于相位,必然要被罢免了。

太平兴国八年(983)十月,赵普二次罢相,但是太宗也不能不在表面上表示格外的尊崇。十一月,太宗亲自在长春殿设宴,为赵普饯行,并且作诗赐给他。赵普捧诗而哭曰:"陛下赐给我这首诗,我将来要把它刻在石头上,与我这把老骨头埋在一起。"这是与太宗生离死别了,太宗不禁为之动容。第二天,太宗又特意对近臣说:"赵普于国家有大勋劳。"君臣两人的这番放在今天能拿到"小金人"的表演,不过是向人们表示,君臣之间没有隔阂。其实,正是"此地无银三百两",反而透露了他们两人之间的互相提防。赵普这次为相期间,还有一件事,就是解救曹彬。曹彬是宋初良将之一，在太祖时期，赵普曾推荐他领兵下江南。开宝九年（976）二月，曹彬46岁，被任命为枢密使。十月，太宗即位后，加曹彬同平章事，仍为枢密使。太平兴国八年（983）正月，由李符和宋琪推荐给太宗做幕僚的弭德超，当时任镇州驻泊都监、酒坊使，趁机向太宗报告说："枢密使曹彬执政时间太长，而且很得人心。"武将曹彬收买军心，犯了大忌，因此太宗对曹彬非常猜忌。手下有人为曹彬说情，太宗不听，还是决定罢免曹彬的枢密使，贬为天平节度使兼侍中。任命自己的三个亲信担任枢密副使，这三个人都是原来太宗的幕僚。从此以后，在太宗时期，枢密副使成了太宗幕府人物的专利品。

当初，曹彬被人诬告时，赵普也在太宗面前极力为曹彬辩解，太宗方才稍息其怒，出曹彬为使相。后来诬告曹彬的人也被贬，太宗才完全明白曹彬是忠实的，于是待之愈厚。太宗想到自己识人竟然不如赵普等，好几天临朝都不是特别高兴，对赵普等人说了自己的愧疚，赵普也明白太宗心思，便变相吹捧宋太宗明察秋毫，这一番话下来，说得太宗美滋滋的，很是受用，不再不高兴了。曹彬后来把女儿嫁给赵普的孙子赵从约，与此是有一定关系的。

二、献《班师疏》

太平兴国八年（983）十一月，62岁的赵普，以检校太尉兼侍中、武胜军节度使，出镇邓州（今河南邓州）。他的次子赵承煦，这年20岁，跟着父亲也到任为这个州的牙职。

雍熙四年（987）二月，赵普66岁，改任为山南东道节度使，镇襄州（今湖北襄阳襄州区），改封许国公。儿子赵承煦24岁，仍为牙职侍行，官为襄州衙内都虞候。

赵普在邓州和襄州小心谨慎，"家问中指审细，字画谨严"，每逢太宗的诞辰节——十月七日的乾明节（后改寿宁节），都派夫人和氏到京城朝见。他的长子赵承宗，则一直在京师为侍卫官。这些做法，都是为了去太宗的疑心，以能明哲保身，真可谓煞费苦心。

赵普在邓州和襄州期间，在史书中影响最大的事就是在雍熙三年（986）五月初从邓州上的《班师疏》。

赵普说当时北伐辽国，是一件极其劳民伤财的事情。是驱赶百万户的老百姓，致使几十个州的生产力，超过一半的人都不能再从事男耕女织的生产了，相当于为了一只很小的老鼠而用弩机去射击，用好的珠子当弹珠去打麻雀，投入和产出严重不成比例。因此，他劝谏皇帝应该尽早知难而退，尽快班师回朝，避免遭受更大的损失。

赵普分析了当时辽国的情况，说辽国虽然当下皇帝年幼，但说他们地有灾星是不对的，要知道契丹统领的幽州，当地百姓的生活都有了着落，这就不可以再强行与其发生战争。如果辽国能集合他们百姓的意愿，即便他们的皇帝还是个小孩也不能掉以轻心，不能顺从民意，没有灾星也会失败。

紧接着，赵普分析了北宋方面的情况。他说，朝廷的中枢缺乏敢于直言的大臣和有才能的人，文武百官大多数都是为了利害而各自避免嫌疑，以至于生出很多赞誉或者毁谤的心理。同时，那些做事有经验的，明知道北征没有什么好处而装作不知道；而刚刚当官的呢，都有点狡猾，很少有纯良之辈。在前线，沿边的州郡大多数比较荒凉，粮草运输比较困难。赵普以自己所在的邓州为例，指出，邓州以前很荒凉，老百姓少而贫穷，地处偏僻，下辖的五个县中，有四个县都是有山的，居住的老百姓之中，有三分之二是从外地搬来的。让两万户贫困的老百姓拿出十万贯钱那么多的财产，他们就得卖掉桑树、耕牛和十间房中的七八间房才行，其中还有需要卖儿鬻女的，甚至有放弃掉自己性命的。老百姓在战争中遭受到的苦难可见一斑。

赵普认为，再过十天半个月，就到了农历七月，这时候边疆地区气候就转凉了，辽国的马也变得肥硕起来，他们的弓箭也变得强硬起来，更加难以控制。而我们大宋的老百姓疲惫了，军队则因为长时间北征而更疲惫。因此边防的事情，还是很值得忧虑的。所以赵普建议皇帝尽早做打算，考虑清楚一些成熟的计谋，命令宋军好好准备防御措施，让老百姓尽快休养生息，重新安居乐业。进而赵普提出要安定内部、孤立契丹，等待时机，进而一举击败契丹。

对于赵普的《班师疏》，在宋代就有两种不同的认识。有的对这封奏疏大加赞赏，说他的意见顺应了民心，以至天下广为传诵；另一种看法说赵普其实畏惧契丹进而反对收复燕云之地，造成大的历史失误，耽误了对辽国的攻势，最终导致后来北宋的灭亡。

其实，从赵普的主观认识和当时的形势来看，赵普的《班师疏》是有见识的。宋太宗也是看到这封奏疏，加上已经知道岐沟战败的消息，为此，太宗下诏书赞扬赵普，并告诉赵普说边境的防守事务已经安排妥当了。然而，赵普的建议，太宗也不准备去实行，导致辽军倚仗自身骑兵的优势，纵横驰骋于华北平原。也就是说，虽然赵普的《班师疏》很有名，但实际上宋太宗并没有全部采纳，而仅仅成为宋太宗表现对赵普尊重的工具和象征。

宋人说是天下都在争相传诵这篇好文章，虽然有拍马屁的嫌疑，但也看出赵普对政治形势的准确判断。为了明了前因后果，不能不从燕云的地位说起。

燕云十六州之地，宋人或称幽燕，或称幽蓟，或称燕蓟，或称燕地，或称幽州等十六州。燕云，主要是指今天的河北和山西北部一带地区，包括北京与天津在内，是唐代及五代初年防范契丹势力的主要战场所在。对于宋朝，最重要的又是今河北北部的幽州一带。这一带地势险要，在唐代倚为北部边防屏障。五代初期，契丹不能南下河北平原，也是因为幽州一带在中原王朝的控制之下。自从"儿皇帝"石敬瑭割让燕云十六州给契丹以后，遂致北部门户洞开，契丹动辄牧马中原。现在史学家就说，自从辽之得燕云以来，汉人不仅丧失唯一防御物长城，且反资敌以其地为南下之根据地，而自燕云至黄河之间，都是广阔的华北平原，无天然或人为的有效防御。周世宗收复关南之地以后，三关在防御上发挥了很大作用。雄州、高阳以东的地方，多河网沟渠，葭苇蒙蔽，一直通到海边，宋人称之为天牢天陷天罗天隙之地，足以限制契丹军马南下。在瓦桥一带南北分界之所，太祖又令专植榆柳，中通一径，仅能容一骑，用以限制南下的契丹骑兵。但是，雄州、高阳以东的定州、镇州一带，没有上述条件，就成为契丹南下之路。由此道南下，契丹军经常长驱直到澶州，饮马黄河，威胁到首都开封的安全。

下面，再看看契丹方面的情况。契丹，本来是中国东北一个部落的名称。它和中原发生关系，最早在南北朝的北魏时期已经开始。后来，契丹被纳入唐帝国的版图，与中原的来往就更加频繁和密切。隋唐以来，有不少少数民族的归附者，居住在燕云一带。唐太宗又迁徙许多突厥人到燕云居住。由此，燕云成为许多少数民族杂居的地方，少数民族的生活风俗，仍然在这里大量保存着。安史之乱时，燕云一带的各族杂居情况，已经很普遍了。安禄山的军队中，就有大量的少数民族战士。进入五代以后，中原汉人大量流入燕云以北契丹居住的地方，还有全族迁入契丹地区的。边将和士卒叛入契丹的，更是屡见不鲜。契丹通过攻掠边城，也掳去大量的汉人。在契丹境内，建立起许多的汉城。契丹的开国君主耶律阿保机，凭借各种力量吞并了其余七部，统一了全契丹，建立起大契丹国。到916年，耶律阿保机自称皇帝，建元神册。

耶律阿保机依靠汉人，得以登上帝位。即位后更选拔了一批有政治头脑和统治经验的汉族士人，署诸左右，委以重任，成为他建设国家机器和决定统治方略的谋士，其中最为著名的有韩延徽、韩知古和康默记等人。耶律阿保机建立政权前后，汉族先进的政治、经济、文化对契丹的影响是极其重大的。契丹社会逐渐向阶级社会过渡的过程中，除了自身社会生产力发展之外，也是不断吸收汉族先进影响的过程。这充分表明我国民族关系史上汉族的主体作用。虽然汉族当时在政治上是处于少数民族统治阶级的统治下，但还是不断地发挥它的先进作用，给少数民族以巨大的影响，促进他们社会经济迅速发展。

继耶律阿保机而立的是他的次子太宗耶律德光，也是能利用汉人的一位统治者。契丹天显十一年，也就是后晋高祖天福元年（936），耶律德光利用石敬瑭求援的机会，把燕云十六州之地并入了版图。在此前后，有大批的汉人家族如赵普家族一样，从幽州南迁到中原去了，燕云的少数民族比例更增大了。燕云十六州有大宗税收，比较发达的工商业，较多的人口，这使契丹实力大增，汉化也日深。这时，契丹占据了幽州和大同两个有战略意义的据点，北负山险，南窥中原，取得了地理上的优势，在中国历史上再次演变成南北朝的局面。到辽大同元年，也就是后汉高祖天福十二年（947），耶律德光改国号为大辽，并且一度率兵南下，攻灭了中原王朝——后晋。

这样，在辽国的下层，原本有大量的汉人居住，燕云归入版图，又增加了一大批汉人；在辽国的上层，又长期重用汉人为谋臣，于是，文化水平较低的契丹人便日渐汉化，同时，在辽国境内的汉人也部分地契丹化。契丹从生活、建筑、文化，再到军事、制度，都逐渐汉化了。到五代末年的时候，辽国境内，契丹人和汉人的矛盾已大为缓和。有人把契丹族的汉化分为四个时期：1. 克难自强时期，神册建元以前（901—916）。这一时期是自力更生，努力克服困难。2. 垦荒南下时期，自神册建号到燕云十六州获得（916—938）。这一时期全盘接受汉化。3. 汉蕃兼容时期，自会同元年到"澶渊之盟"（938—1004）。这一时期是有限度地接受汉化与兼容并包。4. 择汉而从时期——即辽汉文化合流时期，自"澶渊之盟"到宋人谋复燕云（1004—1125）。这一时期放任自便，听从自然选择。由此可见，到宋朝建立时，辽国正处在全盘接受汉化后的第三个时期——汉蕃兼容时期，民族矛盾是趋向缓和的。

燕云一带，既然早已是各族杂居之地，民族矛盾比之辽国其他地区更为缓和，这一带的汉化亦更为厉害。这样，契丹与汉人的上层统治者结合在一起，下层人民之间也友好相处，燕云地区作为大辽国的经济支柱地区，恢复和发展起来。

辽军的战斗力也较强。幽州蓟县人、中过辽国进士的宋琪，在宋太宗雍熙三年（986）正月上奏疏谈到契丹，反映了辽军的战斗力及用兵情况。正因为如此，五代时期，中原与辽军的战斗，败多胜少，越到后来，中原军队越不能抵挡。

宋初，太祖与赵普制定了先南后北的正确统一战略，在向南用兵的同时，对北方强大的辽国采取防御的态势。首先，力求避免不顾大局、只求泄愤于一时的无谓冲突，采取人不犯我、我不犯人的态度。其次，选择和任用大将，加强边防，敌来我御，坚决予以还击，敌去即止，不扩大冲突。这样，保持了北部边境的基本安宁。

经过太祖时期的养精蓄锐，到太宗初年，辽强宋弱的局势已发生改变。所以太平兴国四年（979）进攻北汉时，辽军来援，被宋军击败，北汉遂亡。这时，宋军已有了战胜辽军的能力和可能，燕云很有希望收复。但是，太宗在北汉平定后，贸然北征，急于建立不世之功，结果招致高梁河之败，宋军损失惨重，太宗也十分狼狈。

高梁河之败的原因，教训深刻，最主要的有五条。一是战略上的轻敌思想；二是军纪不肃；三是战术错误；四是宋军军心不稳，将士不用命；五是辽景宗用人不疑，任用了一大批当时契丹国内的人才，如耶律休哥、耶律斜轸、耶律沙、耶律敌烈等将领，他们都是当时辽国名将。形势由原先宋比辽稍强的局势逐渐转向宋渐弱而辽转强的态势。

太平兴国五年（980，辽乾亨二年）十一月，太宗再次督师伐辽，却再遭惨败。但是，太宗并未接受大臣的正确意见。在太平兴国六年（981）宋太宗逼死赵德芳，伙同赵普，抛出"金匮之盟"。到太平兴国七年（982），贬黜赵廷美，五子并封王期间，宋太宗一直没有整饬高梁河及莫州战败后的军队。虽然也多少做了一些北征的准备，但是此时宋军的战斗力和士气都已经不如太平兴国四年（979）时的情形，将士们的惧敌情绪很严重。

太宗高梁河被打败以后，在边境守将的选择上也改变了太祖时的做法，缺乏长远考虑。边境上常为泄愤或争功而滋扰生事，比如以捕斩辽方人民而求功，从而常引起辽方的报复，而守边将领更是龟缩于城堡之内，任其抢掠。这样，边境战争不断，河北州县，备受困扰，不待大战，已自疲惫。反观辽方，在高梁河之战以后，更重视经营和守御燕云。辽乾亨元年（979，宋太平兴国四年）冬天，辽景宗加强了对幽州地区的控制和军事力量。到乾亨四年（982，太平兴国七年）九月，辽景宗死，12岁的儿子耶律隆绪，也就是辽圣宗即位，其母承天后称制。承天后是一个有才略的政治家，她就是我们民间相对比较熟悉的萧太后。萧太后顺应契丹社会传统化的历史趋势，在以韩德让为首的汉族官僚辅佐下，效法汉人的统治方法，进行了改革。萧太后称制时期的政治和军事活动，巩固了辽国的统治，为圣宗时期完成传统化和辽国的盛世奠定了基础。萧太后命令耶律休哥总南面军务，以便宜从事，全权委托耶律休哥守御。从此以后，直到契丹统和十六年（998，宋真宗咸平元年），耶律休哥一直镇守幽州。从宋太平兴国四年（979）起，耶律休哥在幽州长达二十年之久。耶律休哥是辽国著名大将，智勇双全，很有政治头脑。耶律休哥实行的边境政策，与宋边将恰成了鲜明对比。民心向背和胜败也就不待战便可知了。

辽圣宗初立时，宋太宗想趁机议和。但在求和遭到拒绝后，羞愤之下，缺乏政治家宠辱不惊能力的宋太宗，于是又想和契丹打仗，便又积极准备北征了。太宗既昧于知己，又暗于知彼，耶律休哥不轻启边衅的政策，却使太宗误以为辽方恐惧。这种错误的想法，使太宗不免过高地估计了自己的力量，更加想北征取胜。

宋雍熙二年（985）正月，太宗与宰相宋琪谈起石敬瑭割让燕云十六州，认耶律德光做父亲是不对的，宋琪回答："恢复旧时边境，也到时候了。"太宗深以为然。北征之事，已势在必行。

雍熙三年（986）正月，知雄州贺令图及其父怀浦、薛继昭、刘文裕、侯莫陈利用等人相继上言，说契丹的皇帝年纪小，朝政都被他母亲萧太后左右。这本是想当然的猜测之语，太宗却览后大喜，遂决意北征，并且又想亲征。这时有人反对太宗亲征，太宗虽接受意见，但对暂不要北征的意见，却听不进去。已罢相的宋琪见状，上疏献平燕之策，指出平燕之路，多为太宗采用。

正月和二月两个月，太宗先后派四支大军，三路北征：东路曹彬、米信两军，由雄州趋涿州；中路田重进一军，由定州出飞狐；西路潘美、杨业一军，出雁门。同时，任命右谏议大夫刘保勋知幽州行府事，随曹彬军出发，以备接管幽州。又下诏，申明出兵之意，派人联络高丽国，约其夹攻。这次出兵，是准备了几年的大规模军事行动，声势浩大。三路大军，兵力不下三十万。

三路大军出动以后，开始进展得还算很顺利，尤其是中路的田重进和西路的潘美，累战获利。在优势的宋军面前，耶律休哥按以往所行战略，集中兵力坚守幽州，不与宋军决战；同时派人报告辽主，请求派大军前来支援；另外，派轻骑出曹彬、米信军后，断宋军粮道。

五月，辽方援军陆续到达幽州前线，承天后和圣宗也亲临前线督战，辽军大举反攻。耶律休哥亲率大军，与曹彬等人的东路军交战，在涿州、岐沟关和巨马河一带，连续击败宋军，东路军二十万人溃散。六月，耶律斜轸率军迎击宋西路军，朔州一战，勇将杨业被擒，数万宋军被歼灭，西路军溃败。中路军田重进，急忙退兵至定州驻扎。这一战后，宋初的宋辽均势被打破，辽方从此占了优势。可知从高粱河之败到雍熙之败，正是宋弱辽强的转变时期。

到十一月，辽军乘胜南下，河朔震动，太宗被迫起用宿将，命左卫上将军张永德知沧州，右卫上将军宋偓知霸州，右骁卫上将军刘廷让知雄州。十二月，辽主督军，耶律休哥以数万骑，与刘廷让战于君子馆，宋军数万被歼，刘廷让仅以身免。当时，耶律休哥主张长驱南下，一直打到黄河边上，承天后和辽圣宗不同意，辽军北返。

此后，辽军不断南下。宋端拱元年（988）冬天，辽军攻陷满城、祁州、新乐等地。端拱二年（989）正月，攻占易州。当是时，"乘塞疮痍之兵，至不满万，赵魏大震"。太祖时期及太宗初年选练的精锐部队，至此损失殆尽，北部边防，遂门户洞开。宋代的积贫积弱，就是从此开端的。经雍熙惨败后，太宗吓破了胆，再也不敢对大臣提起收复燕云了。

端拱二年（989）五月，赵普在邓州，看到当时从前线溃逃下来的散兵游勇以及民夫，已经几乎可以宣告这次北伐的失败。为了及时劝告太宗不要再在北伐方面一意孤行，赵普撰写了《班师疏》并附上札子。他建议军队尽快班师回朝，并要注意边防，避免辽军乘着宋军失利的机会再次兴兵南下。

赵普在《班师疏》中分析了当时宋军的主客观形势。主观方面，他指出，打仗主要靠战略物资，就他自己在邓州的情况来看，老百姓已经无力再供应北伐的战争，老百姓现在都到了卖儿卖女的地步。这时候不能再一意孤行，继续征战了，应该与民休息、休养生息。同时，宋廷上下，几乎没有一个敢说真话的人，没人敢忤逆皇上的天威，明明知道同契丹的战争已经不宜再打，还是没有人敢犯颜直谏。再打下去，可能结果更加不利。这时候赵普还怕皇帝不甘心，借古喻今，向皇帝提到汉武帝时期大臣主父偓和唐玄宗时期大臣姚崇的十条办法来安定内部、孤立契丹，进而养精蓄锐，以求再找时机，打击契丹。

可以说赵普的《班师疏》还是有一定远见卓识的。只不过太宗看到这封奏疏时，宋军失败的消息已经传到了太宗这里。为此，太宗故作姿态地褒奖了赵普，但对赵普提出的十条办法，好像一条也没有照办，因为当时的形势已经是契丹完全纵横驰骋于华北平原，而宋军却无法组织起有效的防御。但《班师疏》对赵普而言，确实为他赢得了良好的政治声誉，这或许是赵普在写下这封奏疏时所始料未及的。

三、罢相去世

《班师疏》使赵普声名更高，一时间，赵普又成了众望所归的宰相人选。到雍熙四年（987）二月，66岁的赵普移镇襄州（今湖北襄阳）。九月，太宗诏以来年正月有事于东郊，亲耕籍田。赵普上表，请求觐见皇帝，参加每年一度的籍田之礼，言辞十分恳切，宋太宗再次展现表演艺术家的天赋，对宰相李昉说，赵普是开国功臣，我很尊重礼敬他，应该同意他这个请求。十二月，赵普到京城朝见，太宗召升殿对他好生安抚。赵普见了太宗，不禁感咽，太宗亦为之动容。

宋太宗的次子开封尹、陈王赵元僖上疏说："赵普是开国功臣，需要参加到决策层里来，他为人厚重而且很有谋略，对国家社稷又很忠诚。希望皇上您能对赵普委以重任，让他竭诚开导皇帝，辅佐圣君明主，如果国家有什么大事，就让赵普这样的大臣参与谋划，朝廷有什么纲领性的意见让他参与并且实行,使得能观察四方的眼睛看得更明确,让来自四方的声音都能听清。这样老百姓就能安居乐业,进而风清气正,国家政治也能步入正轨和正常发展的道路。"一番慷慨激昂的陈词之下,太宗见到预定继位的儿子如此推崇赵普,非常高兴,也就准备重新起用赵普了。

端拱元年(988)正月,赵普参加了籍田之礼。二月,宰相李昉授右仆射罢政。赵普为太保兼侍中,吕蒙正为中书侍郎兼户部尚书、同平章事。

这时,赵普的《班师疏》朝野传诵,赵普以姚崇十事为号召,肩负众望入相,端拱元年(988)的赵普已经是67岁高龄。太宗希望赵普不要倚老卖老,再行专权的事情。而与赵普并列为宰相的是后世名臣吕蒙正,但当时年纪只有45岁,是太宗即位后第一次科举——太平兴国二年(977)时的状元,太宗对他十分信任,因担心吕蒙正威望不够,所以才让赵普为首相。宋太宗既诫谕赵普不要专权,又要扶持自己的亲信,赵普对此很明白,因此他与吕蒙正同在相位,常推许他。

赵普入相,原先与赵普有过节的雷德骧得知后,手执的朝笏于慌乱中掉在了地上。雷德骧儿子雷有邻,在太祖时曾上书状告赵普,直接促成了赵普的罢相,雷德骧也因此得以复官,所以此时雷德骧十分害怕,害怕自己遭到卢多逊一样的下场。于是便赶紧上疏乞归田里,又请对,向太宗陈述原因。太宗多方安慰勉谕,但雷德骧固请不已。太宗只好免去雷德骧知京朝官考课,仍让他奉朝请,并特赐白金三千两,以慰其心。雷德骧总算得到了保全。这年闰五月,赵普的次子襄州衙内都虞候赵承煦,被任为六宅使。赵普入相后并没有为赵承煦求官，太宗特意任命，以表示尊宠。

其实赵普第三次担任宰相时，身体状况已经不是特别好了。比如端拱二年（989）四月，太宗到赵普家看望他，说明赵普的病已不轻。因此，到淳化元年（990）正月为止，赵普虽为首相，但因病已不理中书之事了。所以，赵普第三次入相，时间虽有两年，真正在中书判事，也就不过一年左右。

赵普在这一年时间里，主要做了三件事：罢黜枢密副使赵昌言等人；杀掉太宗亲信侯莫陈利用；策划西北边防之事。

当时的枢密副使赵昌言和盐铁副使陈象舆、度支副使董俨、知制诰胡旦、右正言梁颢五人结成一伙，日夜在赵昌言府邸聚会，京师人称"陈三更、董半夜"。说当时有一个人名叫翟颖，一向和胡旦关系不错，胡旦让翟颖上奏。奏疏多数都是诽谤时政的话，并自吹可以当大臣，还大言不惭地说十几个人都是可以辅佐皇帝的，甚至又攻击一些大臣。宰相李昉，就是受到他们的攻击被太宗罢免。赵普第三次当上宰相之后，非常痛恨这一伙人。端拱元年（988）三月，开封尹许王赵元僖派亲吏，将翟颖逮捕入狱，由开封府判官张去华审讯，翟颖供认不讳。太宗大怒，将翟颖决杖流海岛，其他人也受到了应有的惩处。

枢密副使赵昌言是宋太宗心腹，太宗常想任用他为相，赵普不喜欢赵昌言刚戾难制。翟颖东窗事发后，赵普要求杀死赵昌言，但宋太宗还是选择宽恕他。赵昌言被贬谪后，赵普又请求杀掉他，太宗又不同意。到淳化二年（991），赵普已罢相到西京，赵昌言起知蔡州（今湖北枣阳）。淳化四年（993）十月，赵普死后一年，赵昌言就做了参知政事。细究起来，胡旦通过翟颖所上的奏章，据称"其言多排毁时政"。是攻击太宗的时政吗？其实不是，那样太宗早就会斥逐他了。可以推知，他们想攻击的时政，必然是太祖时期的时政。因此，赵普打击赵昌言、胡旦一伙人，实际上是打击太宗亲信中企图扰乱时政、改变太祖之制的人。由于得到太宗之子陈王赵元僖的帮助，一时得以成功。

打击侯莫陈利用，是赵普为维持法制，向太宗亲信开的第二刀。侯莫陈利用在太平兴国初年只是一个京城的卖药人，因为会变戏法，进而蛊惑人心而被太宗召见，试验了他的法术，据说还挺灵验，因此被授予殿直这个职务，后来还当上了郑州（今河南郑州）团练使。就是这样一个江湖骗子，由于宋太宗的一时糊涂，一下子成了太宗亲信，一时风头正盛。侯莫陈利用因此非常恣横，无所忌惮，赵普深为痛恨。第三次为相后，在三月派人找到侯莫陈利用做的一些不法的事情，进而在宋太宗面前揭发他。宋太宗也只好认可。于是，将侯莫陈利用流放商州，籍没他的家产。但不久太宗又下诏，把家产还给了侯莫陈利用。赵普预感到太宗又要起用他。正巧，窦仪之子——殿中丞窦諲曾经监管过郑州的商税，赵普听知后，召窦諲至中书，询问情况，让他上疏告发侯莫陈利用。京西转运使宋沆，在当初抄没侯莫陈利用家财的时候，拿到了在侯莫陈利用家发现的书信，这些书信中都是非议朝政的文字，因此也拿来上报。赵普获得侯莫陈利用这两件罪状后，对太宗说侯莫陈利用不应该再被起用。宋太宗说："我一个皇帝想庇护一个人还不行吗？"赵普回答说，这是个大坏蛋，犯死罪都够数了，皇上您不诛杀他，就会乱了天下的法度，这么一个小人，为什么要这么袒护他呢？这一番大道理讲下来，让宋太宗无话可说，不得已只好下令赐死侯莫陈利用于商州。不久，太宗又后悔了，赶紧派使者前去解救，等赶到，侯莫陈利用已被杀死在闹市中了。老百姓听说侯莫陈利用被杀，无不拍手称快。但这件事得罪了太宗的其他亲信，有人便到处宣扬，说赵普在中书接见群官，就是搜罗别人的短处进而想把这些人搞下去。处置侯莫陈利用时，与他交结的一些大臣也被责降。

太平兴国七年（982）五月，定难军留后李继捧献其所管辖的五州八县归顺宋朝，并且带领全家到了京师开封。当时，李继捧的弟弟李继迁不肯顺从起兵反抗。此后，李继迁虽然几经挫折，甚至连母亲也被宋军擒获，但是终于击败了宋军，雄踞西北。宋朝廷虽然几次诏谕李继迁，但李继迁就是不肯投降。赵普为相后，建议仍旧让李继捧管辖夏台故地，让他去消灭李继迁。于是，太宗召当时任感德节度使（驻耀州，今陕西耀县）的李继捧到京城来朝见，亲自赐李继捧国姓——赵，并改名保忠，授予他定难军节度使，将夏州等五州的钱帛等都赐给赵保忠，并派右卫第二军都虞候王杲领兵千人护送上任。至于赐李继捧夏州等五州，更与赵普有关。

可见，在赵普第三次为相不到两年的时间里，赵普还是竭尽所能地做了一些事情，来维护朝野和边疆局势的稳定。虽然力量终有限，但确实可见赵普还是付出了较大的努力。

赵普于端拱元年（988）二月为相后，在三月遂黜赵昌言等人，杀死侯莫陈利用；五月，又策划处理了西北边防事宜，一时声威大震。太宗便在七月要他颐养身体，少管朝政。赵普也顺势因身体不好，逐渐不理朝政，在家养病了。

端拱二年（989）正月，时年36岁的右拾遗直史馆王禹偁，向皇帝上疏《御戎十策》，太宗深加叹赏，赵普尤其器重他。从此，赵普与王禹偁相识，成为忘年交。

这年七月，天上出现彗星，赵普早已在家养病，但是听到有人因为彗星出现，上书说是"合灭契丹"，鼓动太宗再行攻辽，于是不顾病体衰弱，在八月上了他的第二篇著名奏议《彗星疏》。在疏中，他历引前代史籍，说明"彗星出现就是表示正是消灭契丹的好时节"的说法是荒谬的，同时，要求按前代惯例，罢免自己的宰相职务，以答天谴。太宗终于没有出兵攻辽，但也没有罢免赵普。

纵观赵普晚年，虽因献"金匮之盟"，与太宗有了默契，太宗在表面上对他尊宠有加，得以保住了荣华富贵之位。但是，他与太宗的关系，若即若离，两人实际上是互相利用、互相提防的。因此，赵普虽两度为相，但时间总共不过四年，在政治上也没有多大建树。由于赵普的声望和影响，太宗始终不愿让他久在相位，掌握大权，以免他权高震主。太宗时期，除即位初年的薛居正等三相外，其余为相者，都是两三年即被罢。担任宰相的时间都不长，实际上是宋太宗的一种策略，也成为他加强皇权的一种办法。

自端拱元年（988）七月起，赵普的身体状况已明显差起来。端拱二年（989），赵普已经68岁，病情日益加重。到这年五月，赵普上疏皇帝说，自己饱受病痛折磨，可知其病虽有好转，但已自觉不久于人世。在奏疏中，他极力推荐张齐贤，并上了一个札子专门举荐他。到这年七月，太宗以张齐贤为刑部侍郎、枢密副使。十月，赵普病情加重，只得请病假，在家休养。太宗多次到他家中探望慰问，赐予加等。十月初七，是太宗的生辰节——乾明节，赵普已经无法前去祝贺，就请王禹偁代作《为乾明节不任拜起陈情表》，在这封表疏中，赵普继续陈述着自己的病情。到淳化元年（990）正月，赵普因为病重，先后四次上表，请求致仕（退休）。这四表也都是王禹偁代作的。在上的第一份奏表，也就是《求致仕第一表》中，赵普明确表达了要求退休的坚定意志。因此，他要求允许他告老退休，不要妨碍贤人上位。在《第二表》中则继续恳求致仕。几天后上的《第三表》说，自己身体衰老。紧接着又上《第四表》。四表上后，太宗看到赵普确实决意辞去宰相职务，便顺水推舟，让赵普以太保之职兼中书令，行河南尹，兼功德使，充西京（今河南洛阳）留守。

赵普在二十一日的任命下达后，为表现自己告老还乡态度的坚决，当即又连上四表，辞让西京留守，请求退休。太宗自从在开封府时即开始让人收集并编纂的《太平圣惠方》，花了十五年时间，成书一百卷。太宗将模印好的第五十一卷至一百卷排出目录一卷，共五十一册，都用紫绫装裱，黄绢作签，让进奏院递到西京，赐给赵普。赵普让王禹偁代他作表感谢。《太平圣惠方》一百卷，到淳化三年（992）五月，才以印本颁天下，让老百姓可以自行抄写。

淳化二年（991）七月，是赵普70岁生辰，太宗特地派赵普的长子赵承宗携带手诏并生辰礼物到西京赐给他,"衣袭六宫之制,器分三品之珍,出鞍马于内闲,分綵缯于天府"。赵承宗返京复命后不久,即死去,年41岁。年老多病的赵普,得知赵承宗死讯,分外伤感,遂致卧床不起,病情恶化。十月,寿宁节将到,赵普已无法起身。赵普因为病重,预感到不久于世,担心他的侄子仕进无阶,又上了《奏侄男表》,请求授予跟随了他三任、在西京留守衙内任职的侄子官职。

淳化三年(992)三月初一这一天,宋太宗封赵普为太师,封魏国公,给宰相俸料(仍发给宰相的薪水),令养疾,俟愈日赴阙。还派遣赵普的弟弟宗正少卿赵安易将诏书赐给他。转眼七月,又到了赵普生辰。这时,赵普已罢中书令,按惯例是没有生辰礼物赐给的。太宗特意派他的侄女婿——左正言、直昭文馆张秉前去,赐给他生辰礼物。赵普听到消息,又思念起赵承宗来,张秉未到,已经病危了。十四日,赵普死于西京洛阳,终年71岁。

七月十八日,太宗得知消息,表示悲悼,并对身边亲近的大臣说:"赵普侍奉过太祖和我,在大臣当中是我的旧相识,而且从他以往的表现来看,能担当也能决断一些大事。以前曾和我有一些误会,你们大家或许都知道。我当上皇帝以来,每每对赵普加以优待礼遇,赵普也是恪尽职守,尽力报效朝廷,现在他去世了,我也非常的伤心和悲怆,以至于不能控制自己的感情。"说着说着,太宗也动了真感情,流下了眼泪,身边的大臣也为赵普与皇帝的感情所感动。太宗下令,赠赵普尚书令,追封真定王,谥忠献。太宗派右谏议大夫范杲摄鸿胪卿,去为赵普主持丧事,并下令:"赵普下葬的当天，要按照相应的要求设立皇帝外出护驾的仪仗队和仪仗乐队，以此来表达对赵普的怀念和看重。"太宗又亲撰《神道碑》，亲自书写，赐给赵普家属。赵普的小儿子赵承煦，这时29岁，被太宗封为宫苑使，担任恩州（今河北清河县西）刺史。淳化四年（993）二月，有司备卤簿，葬赵普于洛阳北邙之原，附祭于他家族的祖庙中。

赵普死了，三任宰相的赵普走完了自己七十一年的人生旅程，作为宋朝开国名臣，赵普的功绩确实需要来评说。

第九章

◎

身后哀荣与后人评说

一、追崇褒录

淳化三年（992）七月赵普死后，赵宋皇朝不仅迭加追赠，而且不断褒录其子孙后裔。这表明了赵普在有宋一代的崇高地位，从另一个侧面反映了赵普为赵宋皇朝立下的巨大功勋。

赵普死后，被追封为真定王。后来，又追封韩王，故世称赵韩王。赵普何时追封韩王，史籍记载不同。弄清楚赵普何时追封韩王，对太宗末年和真宗初年政治变化的了解，是有益的。宋代史书中，对于赵普追封韩王时间的记载各有不同，有说是至道二年（996），有说是真宗咸平初年（998）。到底哪个是准确的呢？值得考究。

我们说过，宋太宗在赵普死时还念念不忘说赵普和他有些过节，而且已经给了他特殊的恩荣。太宗在世时，指望他再给赵普追加恩典，好像都不太可能。据记载，至道二年（996）正月，宋太宗祭祀天地，大赦天下，对内外文武加了一些恩典，但并没有追加恩典给死人。除此之外，这一年内再无其他大典礼了。因此，至道二年追封韩王是不可能的。而咸平元年（998）的说法也讲不通。因为这时候宋真宗已经即位一年了，局势已基本稳定了，这一年的记载里也没有什么大的典礼而加恩群臣，无缘无故地追封死者，也不可能。但是，咸平二年（999）二月，宋真宗在颁布的一道制书中，已经开始称呼赵普为"韩王"，所以赵普追封韩王，应该是在咸平二年以前。再结合宋太宗死、宋真宗即位前后的形势分析，赵普被追封韩王，当在至道三年（997）。宋太宗为了让皇位在自己这一系中流转，先后逼死太祖的儿子赵德昭和赵德芳，又迫害死了自己的亲弟弟赵廷美。但是真正在儿子中选择的时候，自己的大儿子赵元佐装疯以表示不想被封为太子，老二赵元僖死后没有进行册封之礼，弄得皇室内部人心惶惶，危机重重，最终立了老三赵恒做太子（本名赵德昌，后来改名赵元休、赵元侃，话说宋朝皇帝比较喜欢改名字）。

到至道三年（997）三月，太宗死去，当时宦官王继恩又想故技重施。为什么这么说呢？据史书里记载，宋太祖驾崩时，就是这位公公背叛了宋皇后，绕道赵光义府上，帮助赵光义先下手为强地夺取兄长身后皇位的。如今他准备故技重演，企图阻止已立为太子的赵恒（真宗）继位。由于宰相吕端（就是那句"吕端大事不糊涂"的主人公）采取了有力措施，宋真宗才得以继位。

真宗即位，毕竟是经过一番波折，或许是为了安抚人心，稳定局势，在吕端帮助之下，真宗采取了不少措施来安定皇室，争取士大夫，这在当时确实是当务之急。于是，真宗追复自己的皇叔赵廷美为西京留守兼中书令、秦王。将自己的堂兄魏王赵德昭赠官为太傅，另一位堂兄岐王赵德芳赠官为太保。任自己的亲大哥赵元佐（两人是同母的亲兄弟）为左金吾卫上将军，重新封他为楚王，让他安心在家养病不上朝。下诏内外仍然称当时暴死的二哥赵元僖为太子。自己爸爸太宗的其他儿女和宋太祖还在人世的女儿，都加官晋爵。这样，大大平息了皇室内部的不满情绪。宋真宗又加封宰相和执政，下诏内外群臣进秩一等，并且提出广开言路，以争取士大夫的人心。因此，有理由相信就在这时，对于宋初第一位开国元勋赵普，应当有了追赠。到咸平二年（999）二月，宋真宗下诏，以赵普配享太祖庙庭，这可是古代的君臣关系中大臣所能享受的最高荣誉了。从推崇已极的让赵普配享的诏书来看，真宗在即位之初即追封赵普为韩王，也就不足为怪了。

同时，赵普死后，赠尚书令，开始追封真定王，在宋初是特殊荣典。相比于建隆四年（963）死的慕容延钊，赠中书令，追封河南郡王；开宝七年（974）死的王审琦，赠中书令，追封琅玡郡王；太平兴国七年（982）死的高怀德，赠中书令，追封渤海郡王；太平兴国九年（984）死的石守信，赠尚书令，追封威武郡王，赵普的恩典，超过了这些开国功臣。而文臣中的其他人，死后连追封郡王的也没有。由此可以看到赵普在宋初的独尊地位。

对赵普的祭祀，也时常出现在宋代的史书中。比如，宋哲宗绍圣三年（1096），赵普的曾孙，当时担任西京左藏库使、荣州刺史的赵思齐上书，请求在赵普从老家迁居经过的真定府建立赵普的庙，哲宗批准了赵思齐的请求，下诏在真定府建赵普祠堂。即便是到了南宋，赵普作为开国功臣的地位仍然受到宋朝皇帝的认可。比如，宋高宗绍兴十三年（1143）正月要求重新建立景灵宫。五年后的绍兴十八年（1148），高宗下令寻访韩王赵普以下十六名原庙佐命配享功臣的后代，并命令画工在景灵宫的墙壁上画出他们的相貌。皇武殿供奉太祖，赵普的画像就在皇武殿内，写着"韩忠献王赵普"。

除了对赵普本人，从真宗到光宗的宋代历代皇帝对赵普的家属及后人，也是青睐有加。如宋真宗大中祥符三年（1010）八月，封长乐郡主女赵氏为成纪县君。这个赵氏，就是赵普的孙女，也就是燕国长公主的外孙女。大中祥符四年（1011）十一月，诏选使臣一人，管理赵普家里的事情，赵普的妻子和氏去世，就让这个使臣来管理。天禧二年（1018），赵普的次子赵承煦死去，年55岁，他生前只是担任昭宣使、领成州团练使，而宋真宗给他的赠官是中书令。之后赵普的长儿媳长乐郡主，向真宗献出家藏的书八百卷，真宗命令，把书存放到秘阁，并赐给长乐郡主三十万钱。

宋仁宗庆历七年（1047）九月，担任洛苑使、嘉州团练使的赵普孙子赵从约献上宋太宗御笔为赵普写的碑文，从而被宋仁宗加封为眉州防御使。

宋神宗熙宁八年（1075），因为赵普的后代不及荫补，神宗特别下令，录赵普四代孙赵希鲁为右班殿直。赵希鲁就是请求为赵普立庙的赵思齐之子，后来官至宜州观察使，赠太保。赵思齐的几位兄弟的姻家，都是当朝权贵。比如，赵思聪之妻，是武安军节度使宋守约的女儿；赵思恭之妻，是知枢密院事冯京的女儿；赵思行之妻，是神宗的皇后向氏的妹妹。赵希鲁的堂弟赵希诏，娶妻向氏，是向皇后兄弟安康郡王宗回的女儿，封乐平郡夫人。元丰元年（1078），以内殿承制、门祇侯赵思齐为洛苑副使。赵思齐向皇帝报告说自己供职十年没有犯过错误，而宋神宗也因为他是赵普的嫡长曾孙，所以对赵思齐进行封赏。元丰二年（1079），追封文思使李谅母天永县太君赵氏为永嘉郡夫人。这个赵氏，就是赵普的曾孙女。元丰五年（1082），以洛苑副使、勾当皇城司赵思齐为供备库使。元丰六年（1083），供备库使赵思齐领荣州刺史。赵思齐管理皇城司任期届满，按照要求需要迁官，宋神宗就下诏特地加封他担任这个职务，并特别强调赵思齐是赵普曾孙中最大的，所以特例让他外放去做荣州刺史，其他人不能拿这个来援引为例子。

宋哲宗元祐元年（1086）皇帝下诏：赵普的子孙赵鬻、赵訾，分别给他们第一个担任官额外多一半的俸禄。到这年八月，根据一位大臣的举荐，特意提拔赵普的曾孙、西京左藏库使赵思明为西上门副使。元祐六年（1091），吏部上奏，供备库副使赵思复根据对他的考核转为西京左藏库副使一官。皇帝特别下诏书，说赵思复是赵普的后代，特别恩准担任官职许回授，他人不能援引。到了绍圣初年的1094年，宋哲宗刚刚亲政不久，就下诏说赵普是开国功臣，功劳很大，在他的后代中有因没有父亲而未领俸禄的，就让他们其中一个孩子按照长幼顺序当官，但不许超过三个人。

到了元符三年（1100）三月，刚刚继承自己哥哥皇位的宋徽宗就下令，特意要求将赵普的后代作为备用而登记，以示恩宠。

到了南宋，高宗绍兴元年（1131）下诏书，说赵普是国家开创功臣，就像西汉的萧何一样，应该去查找后世子孙，根据他们的才能加以录用。绍兴三年（1133），又下诏录用以往开国功臣的后代，其中包括曹彬到蓝元振的子孙，一共320人。后来找到宋初赵普、赵安仁、范质、钱若水他们的后代，都给他们授予了官职。绍兴七年（1137），宋高宗又下令，让赵普六世孙赵洪等12人为官。

直到光宗即位后，在绍熙元年（1190）三月，仍然下令录用赵普后代一人作为备用。

北宋中期的史书记载，赵普的子孙，都是跟着国家享受荣华，虽然赵普和太祖兄弟相处中间偶有波折，但单就赵普子孙享受到的荣华富贵来说，赵普的待遇是宋初大臣中很少有能相比的。到了南宋，更有笔记说宋代从来没有忘记过褒奖和录用赵普的后裔。我们刚刚罗列的宋代各位皇帝对赵普后代的恩典，时间跨度达到180年（1010—1190），真是做到了与皇帝后代共享荣华啊。

二、身后评述

有宋一代，对赵普虽然倍加推崇，对他的后代不断褒录，但在北宋时期的官方记载中，赵普的功绩却有意无意地被隐没了。

无论是太宗时修的《太祖实录》（即旧录），还是真宗时修的《太祖实录》（即新录），以及仁宗时修的《三朝国史》，都没有记载是赵普提出了解除禁军宿将兵权的建议和削夺藩镇的三大纲领。太宗在赵普生前的《加恩制》中称颂他,三次当宰相,为国家作出了突出贡献。

我们首先看到的是赵普的小"迷弟"王禹偁。他对赵普极为推崇,赵普死时,他有挽歌十首,见于《小畜集》卷九。其诗如下:

其一

玄象中台坼,皇家上相薨。

大功铭玉铉,密事在金縢。

无复同鱼水,空嗟失股肱。

若言丰沛旧,陪葬近长陵。

其二

经纬千年业,陶镕万物功。

藩垣龙节在,禁掖凤池空。

卤簿蒙寒雨,铭旌飔晓风。

太常草仪注,全似葬周公。

其三

重位经三入,高年过七旬。

有言皆为国,无日不忧民。

温树萧萧影,甘棠漠漠春。

遥知神德庙,配飨更何人!

其四

国丧三台首,家藏五庙尊。

纪功谁秉笔，册赠帝临轩。

盛德留千古，贞魂闭九原。

皇情弥轸悼，天柱折昆仑。

其五

麟丧虚灵囿，凤衰空帝梧。

陶镕存庶汇，霖雨润寰区。

旧疏同伊训，遗章入禹谟。

九原何所恨？犹未灭匈奴！

其六

空留遗象在凌烟，谁继堂堂命世贤？

将相位高三十载，风云道合一千年。

霖收傅说岩前雨，石陨娲皇补后天。

见说吾君举哀处，重瞳挥洒泪潺湲。

其七

君恩虽听罢居留，官拜维师命更优。

异物忽随黄石葬，晚年终负赤松游。

凭谁借箸论归马，无复停车问喘牛。

唯有功名书信史，肯同尘土一时休？

其八

曾拜四章辞相府，又陈三表罢留司。

朝廷年德刘仁轨，终始功名郭子仪。

印锁黄金尘暗澹，堂闲绿野草离披。

吾君若念先朝旧，应似文贞御制碑。

其九

忍听咚咚窆鼓声，笳箫鸣咽暮云凝。

勋劳自合同萧相，谥法还须比魏征。

晓月暗垂丹旐露，夜风轻触縗帷灯。

三川父老知何限？尽逐灵輀泪满膺。

其十

元老令终归葬日，有司重奏辍朝时。

骈罗卤簿三公礼，告赴同盟五月期。

何处更求廊庙器？是谁重作帝王师！

商山副使偏垂泪，未报当年国士知！

十首诗热情歌颂了赵普辅佐宋初两位皇帝、三次为相的人生历程，打江山时的披荆斩棘、守江山时的殚精竭虑，诗中虽然不乏对赵普的溢美之词，但客观来说，赵普自从跟随宋太祖以来，创业可谓艰辛，付出的辛劳不可谓不多。对内他帮助太祖、太宗兄弟加强中央集权，提出三大纲领，削除藩镇的权力，控制藩镇的钱粮，收走藩镇的精兵；对外，他提出"先南后北"的统一策略，最终使得自唐末以来天下纷争的局面走向统一和安定。赵普是值得被歌颂的。

到了宋神宗时期，因为王安石变法的需要，加上当时宋代内外矛盾开始集中，对赵普的功劳都是比较肯定的。北宋中期为人耿直而立朝敢言、为政有绩的刘敞曾评价赵普说："当时太祖、太宗都还没有发达的时候，赵普就是他们的朋友。后来太祖、太宗开创宋朝，赵普的功劳最多。太祖当上皇帝时，地方也就几个州，当时天下并列的政权还有很多，赵普用他的计策和力量，使得强的被铲除、弱的臣服，很短时间就开辟了大量疆土，最终实现了国家统一。然后制定各种朝廷法度，到现在都是天下赖以运转的根本。与汉代的萧何、曹参相比，不可不说功劳比肩。在韩王赵普当政时期，天下地少人少，国家的财政收入也不高，但与我们并列的敌国数量却不少，韩王赵普却能让我们以弱胜强，变小为大。"这段对赵普的夸奖，可以说是北宋中期对赵普积极评价的代表。哲宗时期的大臣刘挚、孙升等人也很推崇赵普。元祐元年（1086），刘挚向皇帝上疏时说，大宋朝是在五代各种弊端的基础上建立的。太祖和太宗创始了大宋，当时有像赵普这样的大臣，文臣武将都很强，看准形势，知道时事变迁，辅佐两代君主，成为我们现代享受太平盛世的基础。孙升则更是在上奏时说，太祖、太宗时用人，创业的辅佐功臣像赵普……他们的文章学术倒是在世间不多见，但论他们的德行、认识、功业，乃至行事，现在辅佐君主的宰相没有一个能与他们相比的。

北宋时期的私家笔记中，记载了赵普对开国大政的建树。其中，司马光《涑水记闻》、邵伯温《邵氏闻见录》《丁晋公谈录》，王曾《王文正笔录》、王辟之《渑水燕谈录》都有专门的文字对赵普的功业进行了评述。《涑水记闻》记载了赵普收内外兵权的建议及实行情况后，评论说，如果当初不是赵韩王的考虑长远,太祖又很果断,天下怎么能够太平?至今头发都斑白的老人不知道打仗是怎么回事。像赵普这样的圣贤的见识,真是长远啊!但赵普为人阴险刻毒,当时因一点儿小小的仇恨就被报复的人很多,然而赵普的子孙后代到现在还享受着富贵荣华,大宋开国初年的功臣很少有能赶得上的,是不是他当时安定天下的谋略功劳太大了?

《邵氏闻见录》在全录了赵普的《班师疏》及札子以后,说赵普为国家和国君担忧很深沉,也有文章水平比他高的。司马光和邵伯温,对于赵普都是很推崇的。但应当注意到,他们对赵普的为人已有微词。而其他北宋时的笔记,如《玉壶清话》《湘山野录》《孙公谈圃》《画墁录》《东轩笔录》等书以及《隆平集》中,对于赵普为人的非议就更多而且具体化了。由此可以看出,赵普为人的不足之处,北宋时已在士大夫中广为流传,逐渐成为定论。

到南宋初年,著名的史学家李焘在其不朽的名著《续资治通鉴长编》中如实记载了赵普收宿将兵权和建立的三大纲领,并在注中说,这事关系重大,但正史和皇帝的实录里都不是特别详细,十分可惜,因此我特意记录下来。至此,赵普的这段功绩才进入官方的记载之中。另一位同时期的史学家王称撰写《东都事略》、当时著名大臣洪迈撰写《容斋随笔》,也都极力称颂赵普。王称在《东都事略·赵普传》的论赞中说,自古受上天之命的开国君主,必然旁边有一些能够辅佐他们成大事的人。像太祖能够建立大宋,赵普就在其中发挥了居中运筹的重要作用,他先后帮助皇帝消除了藩镇割据的权力,消灭了五代时期那些割据的君主,将这个乱世结束,拨乱反正，独自担任宰相十年，天下才慢慢变得太平起来。到了太宗时期，他受到的眷顾更多了。古代的臣子有这样大的功劳，那么皇帝必然用非常的礼遇来对待他们。观察太祖、太宗对待赵普，那真是到了顶点了，在我大宋可是没得比！洪迈把赵普比作伊尹、周公、萧何、房玄龄等一班前朝名臣，称颂他是当时英雄一般的宰相！南宋理学大师朱熹在他辑录的《五朝名臣言行录》中，对于赵普的安天下之功，也是称颂的。他说赵韩王辅佐太祖统一安定天下，收了许多强悍藩镇的兵权，帮助国家实现两百多年的安定，这难道不是仁者的大功劳吗？

应当注意的是，南宋时期，对燕云问题及北宋初年的国策的看法是有所变化的。南宋初年，赵普谏议收回燕云，为士大夫们所称颂；而徽宗时期联合女真灭辽，则为士大夫们所追咎。邵伯温就说，赵普跟随祖宗定天下，还以能收复幽燕作为困难。最近有一些没能耐的小人偷取大臣的位置，以勾结女真、灭掉大辽，进而收复幽燕为打算，最终导致天下大乱，真是令人感到可悲啊！奸臣秦桧当宰相时，在高宗支持下，收大将兵权，杀害抗金名将岳飞，力求与金人实现和议。

纵观赵普死后数百年间的情况，可以看到，对赵普的评价是每况愈下。

北宋时期，对于赵普的功业是非常推崇的，但《国史》和《实录》却没有具体记载其功绩；同时，对于赵普为人品格的指责，却流传甚广。到南宋时期，对赵普的功业，已有非议。赵普的主要黑点，有这样几个：一是将中央的权力过分集中，一是未能趁宋军势力还在上升时收复燕云。在北宋时期，因为皇位一直在太宗一系传承，因而备受争议的"金匮之盟"

还没有被广泛讨论，随着宋高宗选取太祖后裔作为继承人、皇位重回太祖一系，"烛影斧声""金匮之盟"等赵普的一些黑点再次被谈及。

到了元代，燕云的不能收复以及对宋代重文轻武带来的文盛武衰，开始成为宋代积弱以至于亡国的主要原因，而罪责，在"忠君"的话语模式之下，只好被归结到赵普身上了。在两宋时期不能被谈论又忌讳讨论的"烛影斧声"之谜和"金匮之盟"，到了元朝，则开始公开加以探讨和评论。元代人对于"金匮之盟"，多数是深信不疑的；而对于太祖之死，则多主张是太宗杀死的，并且认为祸根是赵普手书的"金匮之盟"。

明初，明太祖朱元璋因为消灭元朝，重新建立了汉族的统治地位，因此对赵普更多的是肯定。由于明太祖亲自定下了对赵普评价的调子，于是，明人对于赵普的功业，一般无异词，即使是李贽，也加以称颂；而对于赵普的不忠于太祖，就大加指责。"金匮之盟"仍然无人怀疑，并多在授受问题上为太宗加以掩饰。明代末年思想家李贽撰写《史纲评要》却力反常俗，对赵普的为人行事开始多加否定，并说赵普与赵光义早在陈桥兵变时已经勾结，对太宗赵光义，也加以攻击。李贽是明朝中后期解放思想的著名思想家，他在《史纲评要》的这种评论，实际上打开了清初否定赵普的先河。

清初，赵普的声誉，降到了最低点。清初的著名思想家王夫之表现得最为激烈，不仅全面否定赵普其人，而且否定了他所投身的宋初改革事业。王夫之对赵普的否定具体包括四个方面：收兵权实际上是损害藩镇节度使的权力、巩固自己权力的计谋。反对收回燕云十六州，是害怕据守燕云地区的将领反叛中央，进而尾大不掉，导致中央对武将更加猜忌。由此，王夫之还猜测赵普是受了契丹的贿赂,所以才想出这样的主意。赵匡胤没有将皇位传给儿子赵德昭、赵德芳,而传给弟弟赵光义,是赵普蓄意的不臣行为,赵普想通过这样来实现自己专权的目的。赵普和卢多逊的政治斗争,赵普错而卢多逊是对的。其实,这其中也不乏一些错误的观点。

再比如我们都比较熟悉的史学家,也是他们老赵家的人赵翼在《廿二史札记》中说,赵匡胤和赵普强干弱枝的三大策略,实际上造成了宋代积贫积弱。

在八百多年间,无论对赵普的评价如何变化,衡量的标准却没有丝毫的改变。评论者无一不是站在传统统治阶级的立场上,依据传统道德,对赵普加以评论。赵普的所作所为对于当时的社会,对于广大民众,对于社会经济的发展,有些什么作用,却基本无人涉及。当然,我们不能苛求古人,但是我们应当记住,八百多年的评论,都是传统士大夫的评论,与我们今天的评论有着立场、观点、标准的根本不同。我们应该用马克思主义的立场、观点、方法,对赵普及其有关的问题,重新予以评价。

三、一生评述

赵普一生的主要活动,与宋初的事业是密不可分的。要评价赵普的功过,不能不先对宋初的事业做出历史的估价。

宋代,是中国历史上的一个重要转折时期,它的影响,直至近代。近年来对宋代的历史地位的评价,大家也改变了认为宋朝是一个积贫积弱的朝代的传统观点,而更多的是将视角放在确立中央集权、创造璀璨光辉的宋代文明上来加以认识。早在明代，陈邦瞻在《宋史纪事本末·叙》中，就曾指出：自古以来的世道风气人心，变化最大的有三次，第一次大变化是开天辟地到唐尧虞舜时期，以至到了周朝，尤其是战国出现战国七雄为一个极大表现；第二次大变化是从汉朝开始，以至于到了唐代、五代时期是一个极大变化；宋朝是第三次大的变化，但我还没有看到这个变化最剧烈的时期是什么时候。变化没达到顶点，则国家统治就不得不加以因袭。现在国家的制度，老百姓之间的约定俗成，所执行的法律，儒家所信守的心理习惯，哪一样不都是和宋朝很相近的吗？这些习惯的养成，并不是仰慕宋朝而争相学习和趋近于宋朝，而是因势利导的势所必然。

近代思想家严复在给熊纯如的信里说过："宋代对于现代中国的国民性和世界观的形成，具有十分深远的影响。"有宋一代的历史，最应该好好花花心思研究。

一代史学大师陈寅恪先生更指出："华夏民族之文化，历数千载之演进，造极于赵宋之世"，"天水（指宋朝，因赵氏郡望是天水）一朝之文化，竟为我民族遗留之瑰宝"。

胡如雷先生的《中国传统社会形态研究》一书，主张以960年，即赵宋皇朝的建立为路标，把中国传统社会的历史分为前期和后期，并且指出："从发展的观点看，分裂割据有越来越弱的趋势，统一集权有越来越强的趋势，而这种彼弱此强的最主要的变化，发生在五代北宋之交。"

总之，处在中国传统社会后期的宋代，它的政治制度和思想文化，对以后几百年的中国历史，发生过巨大的影响。而宋代的政治制度，主要是在宋初确立的。在传统社会后期思想界占统治地位的理学，其产生也和宋初黄老思想的流行不无关系。可以毫不含糊地说，宋代具有深远影响的政治制度，正是宋初事业的核心，也是赵普平生事业的核心，其影响是毋庸再言的。

北宋的版图，小于汉、唐两朝；但是北宋生产力的发展水平，却远高于汉、唐盛世。宋代的经济发展有三大特点。一是把全国各个经济区——包括原来不甚发达的经济区，都密切地交织在一种国民经济的整体之中，普遍地发展起来。二是所有国民经济的各个部门，包括农业、手工业、国内商业和对外贸易等，都在向前所未有的高峰迈进。三是当整个国民经济向广度方面和深度方面迅速发展的同时，经济的组织形态和经营方式亦都在由古代型向近代型转变。

赵普的一生，就经历了这个大转折的时代。他七十一年的生涯，可以960年和973年为界，分为三个阶段：960年以前的三十八年，是早年；960年至973年的十四年，是执政时期；973年以后的十九年，是晚年。赵普的政治活动，主要是在第二阶段的十四年中。

太祖在位十七年（960—976），其中，赵普有十四年（960—973）活跃在中央政府中，先任枢密副使，继任枢密使，然后独相十年，是太祖的主要辅臣。太祖长于将略，赵普长于吏道，善于出谋划策，"智深如谷"，弥补了太祖的不足，相得益彰。宋初的开国大政，多依赖于赵普的策划。"当国事草创，制度周悉，无出其右。"在太祖众多的大臣之中，赵普的地位和影响，是他人远不可及的。所以宋太祖说："我和赵普平定天下，取得政权，所创立的法制和制度，如果我的后代能认真遵循，大宋能有一百代都是可以的。"正是在太祖时期，基本奠定并巩固了北宋的统一局面。赵普的主要政治活动，就是辅佐太祖进行改革和统一事业。

比赵普小很多的王安石，在他著名的奏疏《本朝元年无事札子》中说，太祖皇帝废除了苛捐杂税，停止了那些沉重刑法，消除了那些影响国家统一的军阀和藩镇，诛杀了那些贪污腐败的官吏，以勤俭的办法敢为天下先。作为另一位"唐宋八大家"之一的曾巩也说，太祖皇帝是为了老百姓去掉了很多暴政，战乱频仍的局面得以改观，南汉、后蜀、江南和马楚四个国家的国君，都被大宋俘虏到京城开封，国家实现了统一，恢复到大禹时期的样子。虽然这些话都难免有吹捧开国皇帝赵匡胤的成分，但毫无争议的是，宋初宋太祖的这些事业，都是与赵普的辅佐分不开的。《宋史》赵普本传里说，赵普使得天下修文偃武，慎重刑罚和轻徭薄赋，使得两宋三百多年间的很多重要的法度，都是靠他一下子决定和付诸实行。这是对赵普比较中肯的评价。赵普的主要活动，是与太祖密不可分的，是与宋初的事业密不可分的。

赵普辅佐太祖进行了统一战争和巩固统一的改革，他提供了统一战略和改革方案并予以实施，从而实现了统一安定的新局面，对于中国历史的发展，作出了重大贡献：

第一，结束了分裂割据的局面，基本实现了统一。中唐以来的二百年间，藩镇割据，战争不息。武将靠着拳头硬、武力强，社会一直处于战乱之中，也失去了基本的社会秩序。而赵普等人在普遍的混乱中，积极推动王朝秩序的重建，在漫无秩序中重新建立了基本秩序。统一使国家有了新秩序，是符合广大人民要求，并为人民所支持的。

第二，通过军事和政治方面的改革，特别是法制的建立和完善，成功地巩固了北宋的统一，防止了割据和分裂的再发生，带来了和平与安定，使人民得以脱离战乱之苦，人民是欢迎的。

第三，由于实行了正确的边防政策，又能够信任和放手使用边防将领，保障了北部边防的巩固和安宁，使宋初二十年无北面之忧，河北和河东一带人民的生命财产得到保障，能安心从事生产。

第四，统一安定局面的出现，经济方面的一些措施，奠定了北宋经济文化发展的基础，使北宋的经济得以在全国范围内发展，达到超越汉、唐的水平。正如斯大林所说："如果不能摆脱传统分散和混乱的状态，世界上任何一个国家都不能指望保持自己的独立和真正发展经济和文化，只有联合为统一集中的国家，才能指望有可能真正发展文化和经济，有可能确立自己的独立。"

毫无疑问，宋太祖也好，赵普也好，都是时代的产物。由于北宋初年统一和安定的时代要求已成为不可阻挡的时代潮流，太祖和赵普才能够以自身所处的地位和条件，顺应时代的要求，肩负起历史的重任，领导完成了统一的历史任务，并且巩固了这个统一，从而对历史发展作出了积极的贡献，在历史上发挥了积极的作用。这是应当肯定和高度评价的。俄国思想家普列汉诺夫说过："一个伟大人物之所以伟大，并不是因为他的个人特点使伟大的历史事变具有个别的外貌，而是因为他所具备的特点使他自己最能为当时在一般的和特殊的原因影响下所发生的伟大社会需要服务。"赵普正是由于致力于当时的社会需要，才最大限度地发挥了自己的作用。他没有使宋初的改革和统一事业具有鲜明的自己的独特风貌特点，他的功业不能和太祖分开来，但是他仍然对历史发展作出了贡献，成为他那个时代的伟大人物，这些也值得我们今天肯定和赞许。

赵普辅佐太祖所进行的改革和统一事业，有其继承性，是在唐末和五代许多统治者——特别是周世宗的改革基础上，汲取了他们的经验教训，才获得成功的。金毓黻先生说过："宋立国规模，非尽启自太祖，而为之前驱者，是为周世宗。""宋太祖名为篡周自立，不啻为负荷世宗志业、肯构肯堂之嫡子。"然而，宋初的改革和统一事业，无论在深度还是广度上，都大大超过了宋代以前的统治者，这不能不归功于太祖和赵普等人的努力。

当然，赵普辅佐太祖进行的改革与统一事业，其目的并不是为了人民，而是为了赵宋传统皇朝的长治久安，甚至是为了自己的权位与利益。北宋初年，统治者关心的是统治的巩固和稳定，是维护传统统治阶级的利益，对于广大民众的生活是漠不关心的。他们既不可能完全除去五代弊政，又不可能不产生新的弊端。五代的苛捐杂税，多被继承下来，直到真宗继位后，才慢慢有所改变。

作为传统士大夫一员的赵普，不可能超脱他所处的时代和他所属的阶级。他忠于自己的阶级，并为其统治的稳定长久做出了最大的努力，因此博得了赵宋朝廷的褒奖和传统史家的称颂。但在客观上，他认清了时代的要求，把握了时代的中心问题，从而在一定程度上顺应了时代潮流，对于中国历史的发展，对于当时社会经济的发展，对当时的人民，作出了积极的贡献。赵普的忌刻、专权、贪污、受贿、聚敛、贪恋权位、喜报私怨，都是历史事实，他不是一个洁身自好的传统大臣。然而，他"过率私行，功在国家"，我们自觉他的功劳远远大于他的不足和缺憾。从他一生活动的主要方面来看，其在历史上起了积极的作用，是应予肯定的。赵普不愧是我国传统时代的一位杰出的政治家。他的以天下事为己任的精神，他的重视法制的为政理念，他的举贤任能，他的不为亲属求恩泽，即使在今天，也有着重要的借鉴意义，值得提倡和学习。

后 记

那时我们有梦，关于文学，关于爱情，关于穿越世界的旅行。如今我们深夜饮酒，杯子碰到一起，都是梦破碎的声音。

——北岛

终于又写到了后记，第一次写后记的茫然无措，似乎离自己并没有多远。虽然说"一回生，两回熟"，但写后记的心态并没有因为已写到全书的最后而轻松多少。从上次写沈括，到这次写赵普，好像这个毛病也确实难以治愈。号称记忆力好的自己，努力回想而早已忘却第一次知道赵普是什么时候，或许是小时候读书，又或许是看历史剧，但那句"半部《论语》治天下"却给我留下深刻的第一印象。后来研一读到《宋史·赵普传》时，赵光义那句"不待五十，已尽知四十九年非矣"，对即将不惑的我而言，心中也颇有几分共鸣。

实话实说，确实是借助这次写《赵普：半部〈论语〉治天下》的机会，我才真真正正地深入了解赵普。不是说以往不了解，而是历史人物同读书一样，也着实需要常读常新。赵普是一个复杂的政治家，而我却是一个相对简单的人，每次写着赵普，我都力争用自己的心揣测他当时的心理活动，尽管是心有余而力不足。同样的心境也发生在这一年自己的世界。换到新的工作岗位的我，兜兜转转又转回了老本行，仿佛是一场奇幻漂流。这其中有过努力，也有过彷徨，有过欣喜，但更多的是一些艰辛。但似乎对自己是什么样的人，自己真正需要什么，该往何处去，反而看得更清楚，也更明白了。然而生命的河流还在兜兜转转，我也在百转千回中更加明白什么才是对自己最重要的。

写到这里，还是要感谢耿元骊老师。尽管他可能对我更多的是督导、催促。我们曾经在群里的日行一催，已被我这个最后进的完成者所异化。我曾经在《沈括》的后记里说"耿老师一直被我视为师长"。我想这话是永远不会改变的。

"人生如逆旅，我亦是行人。"五味杂陈的一年多下来，体重变化的同时（还好是下降），工作和心境都发生了变化。从写沈括时的古籍整理编辑室编辑，中间穿插干了一年的发行，再到回到编辑序列，但编辑室却换成了文化综合。这些变化，有的是有形的，比如数学从统计原先工作量的字数，而变成了图书的码洋、实洋；有的是无形的，比如心情和工作压力。这世界唯一不变的是一直在变，而自己的心境也起起落落，对自己也曾质疑，对未来也曾彷徨，但好在难处都一个个挺过来了。尽管接下来或许还有更多的人生美好去感受，更多的人生困难去克服，但相信自己的是，日渐丰满的内心应该学会了怎样去面对。

说了好多不太轻松的，或许直到这里才稍微说说轻松一点儿的。人是讲感情的，远在老家的父母始终是我的牵挂，他们近四十年来很少对我要求希望我达到什么样的高度。但作为他们的儿子，有时候他们对我的理解就是一个眼神和手势，就是几句平常的话语。同属一个出版集团的知己，每每与我分享自己工作生活中的见闻，给我指点、促我进步，在我最需要帮助的时候给予我温暖和帮助，这种感觉总是让我倍加珍惜。还是那句老套的台词，感谢生命中有了你们，我会更加努力。

我在写沈括时，曾说道"唯有努力，才能应对工作和生活的种种忙碌；也唯有努力，才能做更好的自己"。一位老师说，通篇后记也就这句话还算是有点儿自己的认知与思考。那就再把它重复一遍，继续通过努力做最好的自己吧！

是为后记。

王淳航

2022 年初夏